INHALT

Markus Huber / Robert Treichler

KEINER IST SO TOLL WIE WIR

Blöde Briten, dämliche Deutsche,
frustrierte Franzosen
und 36 weitere hoffnungslose Fälle

Ueberreuter

Wir bedanken uns wegen Kritik, Krisenmanagement und Kleingeld
für den Kaffeeautomaten bei:

Gernot Bauer
Ramon Drechsel
Mia Eidlhuber
Viola Gangl
Verena Ringler
Dorothee Sippell

Die Deutsche Bibliothek – CIP-Einheitsaufnahme

Huber, Markus:
Keiner ist so toll wie wir : blöde Briten, dämliche Deutsche,
frustrierte Franzosen und 36 weitere hoffnungslose Fälle / Markus
Huber/Robert Treichler. – Wien : Ueberreuter, 2001
    ISBN 3-8000-3800-5

AU 0560/1
Alle Urheberrechte, insbesondere das Recht der Vervielfältigung,
Verbreitung und öffentlichen Wiedergabe in jeder Form,
einschließlich einer Verwertung in elektronischen Medien,
der reprografischen Vervielfältigung, einer digitalen Verbreitung
und der Aufnahme in Datenbanken, ausdrücklich vorbehalten.
Umschlaggestaltung: Zembsch' Werkstatt, München,
unter Verwendung eines Bildes von Michael Sowa (»Autobahnsau«)
Copyright © 2001 by Verlag Carl Ueberreuter, Wien
Druck: Druckerei Theiss GmbH, A-9400 Wolfsberg
7 6 5 4

Ueberreuter im Internet: www.ueberreuter.de

EINLEITUNG

Spanier sind generell zu klein und zu dunkel. Belgier waren lange Zeit nichts anderes als langweilige Franzosen ohne Sexualtrieb, bis plötzlich ein Herr namens Marc Dutroux in den Weltnachrichten auftauchte. Malteser sehen aus wie Krankenschwestern in Festtagstracht, vor allem die Männer. Und die Kopenhagener sind stolz auf ein Wahrzeichen, das kleiner ist als der Orang-Utan im Tierpark Schönbrunn.

So sind sie, unsere Mit-Europäer: Unansehnlich, abartig, kindisch und kulturlos. Gewarnt wird man aber nirgends: Jedes Länderlexikon, jeder Reiseführer ist voll von Lobhudeleien und halsbrecherischen Verklärungen. Nirgends wird die berechtigte Frage aufgeworfen, aus welchem Grund gleich drei baltische Staaten gegründet wurden, obwohl niemand etwas vermisst hat, als es noch überhaupt keinen gab. Niemand spricht aus, dass die Germanen Barbaren geblieben sind, weil sie zu dumm waren, Latein zu lernen, und dass sich dieser Wesenszug schnurgerade bis zu Dieter Bohlen fortgesetzt hat. Niemand warnt vor spanischen Restaurants, in denen man ausschließlich Tiere vorgesetzt bekommt, die von der Natur aus gutem Grund in enge Schalen gepresst wurden.

Aber damit ist jetzt Schluss. In mühsamer Kleinarbeit haben wir uns der bislang vernachlässigten Aufgabe angenommen, alle Vorurteile zu bestätigen. Dabei sind uns noch viele zusätzliche ethnologische Besonderheiten aufgefallen, die wir Ihnen auch nicht vorenthalten wollen.

Das macht dieses Lexikon für Österreicher zum unverzichtbaren Standardwerk der Reiseliteratur. Denn möglicherweise lässt sich der eine oder andere Auslandsaufenthalt nicht vermeiden. Und da sollten Sie wissen, was auf Sie zukommt.

Bei der Lektüre dieses Lexikons wird Ihnen dämmern, dass die verschiedenen europäischen Kulturen und Historien, Landschaften und Sprachen allesamt desaströs ausgefallen sind. Mit einer Ausnahme: Österreich. Wir haben die Wiener Klassik erfunden, wir hatten ein

Weltreich, als es schick war, eines zu besitzen, und wir haben es elegant abgespeckt, als wir von den Vielvölkern die Nase voll hatten. Wir sprechen die deutsche Sprache ohne Reichstagsakzent und wir haben nie Kriege verloren – außer den wenigen, die wir anschließend jemand anderem in die Schuhe geschoben haben.

»Keiner ist so toll wie wir« listet alle europäischen Schlamassel übersichtlich und alphabetisch geordnet nach Völkern auf – von den albernen Albanern bis zu den zimperlichen Zyprioten. Ausgenommen sind lediglich jene Länder, bei denen sich hartnäckig das Gerücht hält, dass es sie gibt, die wir aber auf keiner Karte gefunden haben: Andorra, Liechtenstein, Monaco, Vatikan …
Natürlich erheben wir bei der Auflistung aller ethnologischen Eigenheiten keinen Anspruch auf Vollständigkeit. Von einer lückenlosen Dokumentation haben wir aus Gründen der Etikette Abstand genommen.
Für Hinweise auf gravierende Auslassungen sind wir aber dankbar und verweisen bei dieser Gelegenheit gleich auf die Internet-Adresse **www.tollwiewir.at**. Dort werden Ihre Anregungen gerne berücksichtigt. Möglicherweise mag Ihnen die eine oder andere faktische Unexaktheit auffallen, wir garantieren aber, dass sich diese nicht ohne Grund in »Keiner ist so toll wie wir« findet, sondern im Sinne der Schlüssigkeit der Darstellung erforderlich war.

Die Autoren
Wien, im Dezember 2000

DIE ALBANER

Aussehen und Vorkommen

Albaner erkennen Sie an ihrer Kleidung. Oder besser: Sie erkennen die Kleidung der Albaner wieder. Denn Albaner tragen ausnahmslos jene alten Fetzen auf, die Sie vor zehn Jahren bei irgendeiner Caritas-Sammlung für Osteuropa gestiftet haben. Die Osteuropäer wiederum haben das Zeug vor ein paar Jahren als Sozialhilfe nach Albanien geschickt und die tragen das Zeug heute noch. Zurzeit ist in Tirana also gerade der Miami-Vice-Look im Kommen.

Auffallend an den Albanern sind die ausgebeulten Sakkos, was nicht unbedingt daran liegt, dass die Sakkos fünfzehn Jahre alt sind, sondern vor allem daran, dass Albaner eine Schwäche für Faustfeuerwaffen haben. Und weil sie offenbar große Fäuste haben, gilt in Albanien auch eine Kalaschnikow als Faustfeuerwaffe, die man sich schnell unter das Jackett steckt, wenn man ein bisschen frische Luft schnappen geht. In Situationen, in denen man in Österreich »Na hören Sie mal!« ruft, greift der Albaner bereits stracks unters Sakko.

Wahrscheinlich ist das auch der Grund, warum es nicht besonders viele Albaner gibt. In Albanien selbst leben rund drei Millionen Leute. Genauso viele Albaner leben im Ausland – in Jugoslawien, Griechenland und Italien. Dabei ist völlig schleierhaft, wie die dort hingekommen sind. Schließlich war Albanien bis Ende der achtziger Jahre freiwillig von der Außenwelt abgeschnitten und danach hatten sich die Westeuropäer schon so daran gewöhnt, dass sie dafür sorgten, dass es weiterhin so blieb. Die meisten Auslands-Albaner leben drei Wochen pro Jahr in einem Auffanglager an der italienischen Adriaküste, nachdem sie zuvor an einer Bootspartie teilgenommen haben. Eigentlich sehr schlau, denn auf diese Weise halten sich die Kosten für den Urlaub in Grenzen. Sie müssen nach Italien immer nur eine einfache Fahrkarte lösen. Die Rückreise lassen die italienischen Einwanderungsbehörden springen.

Geografie

Albanien ist der Beweis dafür, dass sogar ein Hinterhof einen Hinterhof haben kann, denn Albanien ist der Hinterhof des Balkans. Auf der Landkarte sieht es so aus, als würde es von seinen Nachbarn jeden Moment in die Adria geschubst werden, aber das täuscht. Auch Jugoslawen und Mazedonier brauchen schließlich jemanden, auf den sie hinunterschauen können. Nur den Italienern wäre es angenehmer, wenn die Adria an dieser Stelle etwas breiter wäre, etwa in der Größenordnung des Atlantik.

Geschichte

Die albanische Geschichte bleibt bis heute ein Mysterium. Niemand kann sich erklären, wie ein Land, das jahrhundertelang von den renommiertesten Besatzern unterworfen war – Römern, Venezianern, Franzosen und vor allem: Österreich-Ungarn! –, dennoch so lachhaft rückständig bleiben konnte. Wirklich haben wollte Albanien ohnehin niemand, also behielten es die Türken bis kurz vor dem Ersten Weltkrieg – weniger aus Interesse, sondern mehr weil sie zu faul waren, die Übergabeformalitäten an den Nächstbesten abzuwickeln. Nach dem Krieg durfte der Großgrundbesitzer Ahmed Zogu in Albanien eine Versuchsdiktatur errichten. Da stellte sich heraus, dass sich das Land für Totalitarismus besonders gut eignet, also ließ man echte Repressionsprofis ans Werk gehen und Albanien wurde zu einer besonders unverfälschten kommunistischen Diktatur. Garant dafür war Staats- und Parteichef Enver Hoxha, der den Kommunismus auf überzeugende Weise mit dem Autismus verschmolz. Der Westen war ihm naturgemäß ein Gräuel, der Ostblock allerdings auch, die Sowjetunion ganz besonders, und so führte er den Beweis, dass man auch in Europa ein Nordkorea etablieren kann. Das gelang ihm ganz ohne Koreakrieg. Als Dank dafür, dass er ihr Land so beherzt in den Ruin trieb, errichteten die Albaner in Tirana ein Enver-Hoxha-Museum und ruinierten es.

Politik und Wirtschaft

Albanien ist mittlerweile formal eine Demokratie inklusive Marktwirtschaft, aber beide Konzepte wurden von den Albanern leicht modifiziert. Die Idee, dass jeder Bürger eine Stimme haben sollte, fanden die Albaner zwar gut, noch besser fanden sie aber die Idee, dass jeder Bürger eine Kalaschnikow haben sollte. Jetzt werden bedeutsame Fragen des Landes, etwa wer Finanzminister sein soll, demokratisch entschieden und weniger bedeutsame, etwa wem der Reinerlös der Schmuggelwirtschaft gehört, mit der Kalaschnikow. Die Marktwirtschaft interpretierten die Albaner so, dass sie ihr ganzes Geld in ein Pyramidenspiel einzahlten, auf eine Rendite von rund 3000 Prozent hofften, schließlich in etwa das Vierfache ihrer jährlichen Staatsausgaben verloren und danach die Weltbank zu Hilfe riefen, damit die ihnen das Geld rückerstattet.

Um nicht untätig zu wirken, verfallen die Albaner in regelmäßigen Abständen in Generalstreiks und kehren erst nach langen Verhandlungen in die Arbeitslosigkeit zurück. Offiziell produziert die albanische Wirtschaft so ungeheuer wenig, dass das Bruttoinlandsprodukt dem Umsatz einer durchschnittlichen Autobahntankstelle entspricht. Der Grund dafür ist, dass es in Albanien recht heiß ist, weshalb sich die Wirtschaft in den Schatten verzogen hat. Dort blühen Drogenhandel, Prostitution und Schmuggel, allesamt keine Vorzeigeerwerbstätigkeiten, und deshalb heißt die albanische Währung auch Lek.

Sprache

Albaner sprechen eigentlich Albanisch, wobei die Sprache sich in zwei Formen, Tosk und Gheg, unterteilt. Erst 1972 fand ein Orthografie-Kongress statt, in dem eine einheitliche Schriftsprache durchgesetzt wurde, höchstwahrscheinlich verständigte man sich auf dem Kongress mittels Faustfeuerwaffen. Das alles muss aber den Nicht-Albaner nicht kümmern, denn jeder Albaner kann Italienisch, zumindest den Satz: »Hoppla, Herr Küstenwachebeamter, ich muss wohl ein bisschen zu weit rausgerudert sein!«

Kunst und Kultur

Albaner legen ihr gesamtes Stilgefühl in die harmonische Durchführung von Mafiamorden, weshalb für Literatur und Malerei wenig Inspiration bleibt. Vielleicht ist deswegen das prominenteste albanische Buch ein Messbuch aus dem 14. Jahrhundert. Das Begräbniskapitel ist darin besonders dick ausgefallen. Im Übrigen praktizieren die Albaner die Kulturtechniken der hirnlosen Blutehre, des Analphabetismus und des trägen Volkstanzes. Die einzige tatsächlich nennenswerte kulturelle Leistung der Albaner seit dem 14. Jahrhundert besteht darin, dass ihr Land in dem Hollywood-Streifen »Wag the Dog« als trostloser Schauplatz eines erfundenen Krieges diente.

DIE BELGIER

Aussehen und Vorkommen

Die Belgier sind ziemlich leicht daran zu erkennen, dass sie über der Augenpartie einen schwarzen Balken tragen. Zumindest tun das alle Belgier, die in den Weltnachrichten vorkommen, und irgendwie ist das auch verständlich, denn sie verdanken ihre Erwähnung ausnahmslos besonders garstigen Verbrechen. Ob alle Belgier so aussehen, können wir nicht feststellen. Wer will schon dort hinfahren, wo die mit den schwarzen Balken wohnen?

Lange Zeit durfte man annehmen, dass die Belgier ganz einfach Franzosen ohne Sexualtrieb seien. Dann aber kam Marc Dutroux. Ja, jede Nation hat ihr Sexsymbol, die Franzosen haben Laetitia Casta, die Belgier Marc Dutroux.

Insgesamt existieren unvorstellbare zehn Millionen Belgier. Unvorstellbar deshalb, weil sie alle auf engstem Raum leben müssen, nämlich in Belgien. Das ergibt eine Dichte von 332 Belgiern pro Quadratkilometer und macht Belgien zum Bangladesch Europas.

Sprache

Im nördlichen Teil Belgiens wohnen die Flamen, die schlechtes Niederländisch sprechen; im südlichen Teil die Wallonen, die schlechtes Französisch sprechen. Eine eigenständige belgische Sprache gibt es nicht, weil die Flamen und Wallonen seit der Gründung Belgiens zu sehr damit beschäftigt waren, einander auf Niederländisch und Französisch anzubrüllen. Das Einzige, was die Belgier geschafft haben, ist es, die beiden Sprachen zu absurden Dialekten zu vermischen. Jetzt haben sie zwar keine eigene Sprache, werden aber trotzdem von niemandem verstanden. Im Grunde ist das sogar von unschätzbarem Vorteil, weil wir deswegen den lästigen Sprachenstreit nicht mitverfolgen müssen.

Geografie

Der Charme Belgiens erschließt sich je nach Perspektive auf unterschiedliche Weise. Von Norden sieht es aus wie der Fußabstreifer Frankreichs, von Süden wie eine Verbindungsstraße nach Holland, von Westen wie eine überflüssige deutsche Agglomeration und von Osten wie ein ärgerlich weiter Weg zum Strand.

Weil Belgien so herrlich flach und nutzlos daliegt, diente es früher einmal als willkommenes Fleckchen, um grausame Schlachten zu veranstalten. Napoleon etwa buchte 1815 bei Waterloo ein ziemlich großes Feld. Auch heute noch würde sich Belgien als geeignetes Land für Kriegstourismus anbieten. Großbritannien hätte etwa den Falkland-Krieg in Belgien abhalten können, um sich die Reisekosten und dem TV-Publikum die Zeitverschiebung zu ersparen.

Geschichte

Belgien wurde ohne ersichtliche Notwendigkeit 1830 gegründet. Davor nannte man das bisschen Land der Einfachheit halber »südliche Niederlande« und es fiel nicht sonderlich auf. Philipp II. von Spanien erbte es im 16. Jahrhundert, hatte aber nicht viel Freude damit. Weil die Belgier ahnten, dass ihr Land zwar als Schlachtfeld taugt, sie selbst aber nicht als Krieger, erzählten sie überall herum, dass sie neutral seien. Die Deutschen murmelten »soso« und marschierten sowohl im Ersten wie auch im Zweiten Weltkrieg stracks mittendurch. Danach hatten die Belgier von der Neutralität genug und gründeten mit ein paar anderen die NATO. Dafür, dass Belgien ein so eklatant unbedeutender Staat ist, macht es sich international ganz schön wichtig. Neben der NATO gründeten die Belgier auch die EWG mit und außerdem bilden sie zusammen mit den Niederlanden und Luxemburg die Benelux-Staaten, die politisch in etwa so bedeutsam sind wie das Baltikum.

Eine Zeit lang besaß Belgien sogar ein paar Kolonien in Afrika, die es so exzellent verwaltete und demokratisierte, dass sie seither als Musterbeispiel gelungener Entkolonialisierung fortbestehen. Es handelt sich um Ruanda, Burundi und Kongo.

Föderalismus

Föderalismus bedeutet, dass nicht vorhandene Macht gerecht unter machtgierigen Schießbudenfiguren aufgeteilt wird. Belgien ist darin Weltmeister. Nicht nur Flandern, Wallonien und Brüssel verfügen über Regionalparlamente, auch die deutsche Minderheit hat ein eigenes Parlament plus Regierung. Immerhin stellen sie ja 0,7 Prozent der Gesamtbevölkerung. Was die alle entscheiden sollen, weiß niemand so genau; im Grunde sind die Parlamentchen so einflussreich wie das belgische Königshaus. Also gar nicht.

Berühmte Belgier

Die wirklich bedeutenden Belgier emigrierten entweder früh genug oder sie wussten gar nicht, dass sie Belgier waren. Peter Paul Rubens etwa könnte man einen prominenten Belgier nennen. Bloß gab es Belgien damals, im Gegensatz zu dicken Damen, noch nicht. Wer einen belgischen Autor oder Musiker nennen kann, bekommt vom belgischen Tourismusverband den »Goldenen Ehrenbalken vor den Augen« verliehen.

Nennenswerte Belgier waren Georges Simenon und Jacques Brel und die wären vermutlich Regionalparlamentarier geworden, wenn sie nicht nach Paris geflüchtet wären. Einer, der besser Regionalparlamentarier geworden wäre, ist der Belgier Jean-Claude van Damme, der pro Jahr zwei schlechte Filme macht und zweimal heiratet.

Atomium

Wie zelebriert man die Tatsache, dass man klein und unbedeutend ist? Die Belgier beschlossen, das winzigste, banalste Ding riesengroß aufzublasen und daraus ein Wahrzeichen zu machen. Das überdimensionale Gerümpel trägt den Namen Atomium, obwohl es eigentlich Molekülium heißen müsste, weil es ein 165-milliardenfach vergrößertes Eisenkristallmolekül darstellt. Die Riesenkugeln mit ein paar Rolltreppen dazwischen waren von Anfang an ein bisschen peinlich, aber so richtig deplatziert wirkte das Atomium, als sich herausstellte, dass das Atomzeitalter in Wahrheit gar nichts Besonderes war, von

Hiroshima und Tschernobyl einmal abgesehen. Jedenfalls kein Anlass für monumentale Moleküle. Die Leute im Brüsseler Regionalparlament arbeiten auch schon an einem Monument für das Digitalzeitalter: Eine Null und eine Eins, 165-milliardenfach vergrößert.

Sport

Früher, als es den Hochgeschwindigkeitszug nach Paris noch nicht gab, kauften sich alle Belgier, die sich kein Auto leisten konnten, ein Rennrad und rasten damit in Richtung Frankreich. Verständlich für jeden, der das Brüsseler Nachtleben kennt. Ein Nebeneffekt war, dass Belgien zu der Zeit die besten Radrennfahrer der Welt hatte. Heute sitzen Eddy Merckx und Co. im Speisewagon.

Küche

Falls es irgendjemand für eine Großtat hält, Muscheln aus dem Meer zu fischen, diese zu kochen und mit Pommes frites zu servieren, dann sei dies hiermit erwähnt. Viel mehr lässt sich zur belgischen Küche nicht sagen, außer dass alle TV-Korrespondenten in Brüssel nach ein paar Monaten locker den Bildschirm füllen. Ergo kann man in Belgien zumindest viel fressen.
Eines muss man den Belgiern lassen: Sie stellen die beste Schokolade der Welt her. Das hat aber auch mit ihrer sexuellen Neigung zu tun, denn wie man weiß, ködern böse Onkel ihre Opfer mit Schokolade.

Kultur

Die Kulturnation Belgien ist berühmt für Comics. Das ist etwa so, als würde sich eine Industrienation ihrer Tretroller-Produktion rühmen. Wäre Belgien ein französisches Departement, könnte man darüber hinwegsehen und sagen, im Norden blüht eben ein Pflänzchen minder bedeutsamer Jugendkultur. Aber als eigenständige Nation Bilderheftchen als Kulturgut vor sich her zu tragen – das getrauen sich nicht einmal lateinamerikanische Urvölker. Immerhin hatten die Belgier seit 1830 über 170 Jahre Zeit für ein anständiges Nationalepos.

Spezialitäten

Damit soll aber nicht gesagt sein, dass die Belgier nicht über außergewöhnliche Talente verfügten. Im Gegenteil. Kein anderes Volk brilliert auf ähnliche Weise im Handel mit Diamanten aus international geächteter Produktion. Kein anderes Land verfügt über ein derart dichtes Eisenbahnnetz bei gleichzeitiger totaler Tourismusflaute. Und nirgendwo sonst ist alles so sauber, so nett und nirgendwo sonst sieht man so freundliche Gesichter – von den schwarzen Balken einmal abgesehen.

DIE BOSNIER

In Bosnien wohnen alle möglichen Leute: Kroaten, Serben, Muslime ... Sie sind sich ausschließlich darüber einig, dass sie nichts miteinander zu tun haben wollen, weshalb der bosnische Staat lediglich für Tausende von Kartografen von Bedeutung ist, die alle paar Tage eine neue Landkarte entwerfen. Wir wollen uns da vorerst nicht einmischen und empfehlen ganz unverbindlich eine sozialistische Volksrepublik als Ausweg.

DIE BRITEN

Aussehen und Vorkommen

Briten sind von Natur aus hässlich. Viel zu blass, meist unförmig und schlecht frisiert. Je unvorteilhafter jemand aussieht, desto weiter steigt er in der gesellschaftlichen Rangordnung. Ihr Prinz Charles, ja, der mit den abstehenden Ohren, der doofen Frisur und dem fehlenden Geschmack bei Kleidung und Frauen, ist Bannerträger des Clubs der unansehnlichen Vielfotografierten. Bei ihm könnte man entschuldigend einwenden, dass er kraft seiner Geburt sowohl zur britischen Unattraktivität wie auch zur Popularität verdammt ist. Aber wie kommt es, dass ein dickliches Mädchen wie das Ex-Spice-Girl Geri Halliwell zu einem Sex-Symbol werden konnte? Oder Fergie, das linkische Pummelchen? Der britische Jetset kennt keine Schönheitsfehler. Denn dies würde Schönheit voraussetzen.

Glücklicherweise leben die Briten auf ein paar Inseln, sodass ein Übergreifen ihrer Unattraktivität auf Kontinentaleuropa lange Zeit gebremst werden konnte. Untereinander wetteifern derweil Engländer, Waliser, Schotten und ein paar unterdrückte Nordiren darum, wer das hirnrissigste Lokalkolorit aufzuweisen hat. Zurzeit liegen Waliser und Schotten gleichauf in Führung; beide haben unlängst Parlamente gegründet, in denen ein unsäglicher Dialekt gepflegt, aber absolut nichts entschieden wird.

Geografie

Großbritannien sieht aus wie ein alter Austin, von dem nach und nach die Teile abgefallen sind, und jetzt sind nur noch das Lenkrad, der Aschenbecher, ein Seitenspiegel und der Auspuff übrig. Anstatt sich damit abzufinden, dass der Spaß, die Welt zu beherrschen, endgültig vorüber ist, thront Großbritannien heute noch über irgendwelchen Inselchen von der Größe eines Rugby-Feldes: Die Süd-Sandwich-Inseln, die Südgeorgischen Inseln und Tschagos.

Geschichte

Die Britischen Inseln dienten lange als Brutkasten für Völker, die die Sonne nicht vertragen. Kelten, Römer, Sachsen, Angeln, Jüten und Normannen mischten sich im britischen Regen so lange, bis auf einmal Leute herauskamen, die so aussahen wie John Major, Sid Vicious oder Queen Mum.

Dass es derart lächerliche Erscheinungen wie die Königin-Mutter überhaupt noch gibt, liegt einerseits am Gin und andererseits an der Vorliebe der Briten für die Monarchie. Denn anstatt irgendwann einmal eine ordentliche Revolution anzuzetteln, die Monarchie ein für alle Mal die Themse runterzuspülen oder der Queen Mum den Gin wegzunehmen, fummeln die Briten seit der Magna Charta von 1215 an einer widersinnigen Verfassung herum. Ziel ist es, eine Monarchie zu konstruieren, in der der König oder die Königin nicht mehr politischen Einfluss hat als das Ebenbild in Madame Tussaud's. Angesichts der Tatsache, dass es Könige gab, die Sven Gabelbart (1013–14) oder Harald Hasenfuß (1035–40) hießen, ein verständliches Anliegen. Dabei geriet aber die Verfassung zu einem derartigen Murks, dass die Briten es vorziehen, sie gar nicht erst niederzuschreiben. Die Funktion der Königin besteht mittlerweile darin, einmal pro Jahr eine Rede vorzulesen, die der Premierminister geschrieben hat. Das macht sie ganz ordentlich, was bei einem Gehalt von ein paar Milliarden im Jahr auch nicht zu viel verlangt ist.

Aus heutiger Sicht ist schwer nachvollziehbar, warum Großbritannien nicht einfach Britannien heißt. Die Sache mit dem »Groß« haben uns die Spanier eingebrockt, die bei der Seeschlacht gegen die Nachtschattengewächse von der Insel 1588 zu lange Siesta hielten und erst aufwachten, als die Briten ihre Armada bereits versenkt hatten. Dann expandierten die Briten unaufhörlich weiter, weil sie dachten, dass sich die ganze Welt nach ihren Kulturgütern sehnte – den Hooligans zum Beispiel. Zu dem Zweck erfanden die Engländer eine neue Form des Versandhandels: Ein ganzer Subkontinent, Indien etwa, erhielt für die Dauer von rund 50 Jahren gratis und ohne vorherige Bestellung ein Probeangebot frei Haus. Die Kombi-Packung enthielt eine Regierung (Kolonialversion), eine Handelsgesellschaft (East India Company) samt Reklamationsbüro (Armee) und als besonderen Bonus die britische Zivilisation (Kricket, Minz-Plätzchen und Tweed-Sakkos). Im Laufe der Jahre hingen den meisten Kolonien aber die Minz-Plätzchen zum Hals heraus. Mahatma Gandhi fand, dass Tweed-Sakkos auf nackter Haut entschieden zu kratzig sind, und trug deswegen lieber Bettwäsche. Das brachte die Briten so aus dem Konzept, dass sie der Dekolonialisierung schließlich freien Lauf ließen.

Unter Königin Victoria gelang es der Regierung nicht nachhaltig genug, die Frauenbewegung zu stoppen; ein Versäumnis, das sich hundert Jahre später in Form von »Girl Power«, exekutiert durch die Spice Girls, bitter rächte.

Dann gewannen die Briten mit den Alliierten den Zweiten Weltkrieg, doch während die Deutschen danach ein Wirtschaftswunder landeten, kümmerten sich die Briten wie Kleingärtner um ihr tolles Weltreich. Da gab es viel zu tun: Sie machten Oman unabhängig, Elizabeth II. bestieg den Thron und wurde Oberhaupt des Commonwealth, was so viel wie »Gemeinsamer Reichtum« bedeutet, aber da war keiner mehr. Unterdessen hatten nämlich Japaner, Deutsche, Amerikaner und sogar Luxemburg und Singapur auf irgendeine Weise Geld gescheffelt und eine moderne Wirtschaft begründet. Nur die Briten standen da und fragten: »Möchte irgendjemand ein Minz-Plätzchen? Oder vielleicht einen alten Austin? Ein Tweed-Sakko?«

Sprache

Das Englische ist eine äußerst klare, reiche, subtile Sprache, ist es nicht? Je nachdem, in wessen Gesellschaft man sich befindet, kann man mit je einem Satz eine halbstündige Konversation bestreiten. In Ost-London genügt der Ein-Wort-Satz »Fuck«. Er bedeutet, je nach Intonation und Körperhaltung: »Na so was, schön, dich zu sehen!«, »Tolle Sache!«, »Hm«, »Da bin ich mir jetzt aber nicht ganz sicher«, »Die Frau gestern Abend war eine irre Schnitte und ich hatte mit ihr heftigen Geschlechtsverkehr« und »Verpiss dich, wenn du das nicht glaubst!« In West-London wiederum kann man monatelang »It is, isn't it« sagen, selbst wenn man dabei den Mund nicht wirklich öffnet, wird man keinesfalls den Eindruck von Einsilbigkeit erwecken. Sollten Sie den dringenden Wunsch verspüren, sich intensiver mitzuteilen, empfehlen sich die Varianten »Fuck, aye!« und »It is indeed, is it not?«

Höflichkeit

Die Briten stellen sich artig in einer Schlange auf, entschuldigen sich bei ihrem Hintermann, dass sie knapp vor ihm gekommen sind, erweisen sich in jeder Hinsicht als eklatant korrekt, höflich, respektvoll – und dreschen dann wie verrückt auf Umstehende ein. Die Briten sind nämlich allesamt Hooligans. Manche können es, zumindest zeitweise, etwas besser verbergen – Jack the Ripper oder Dr. Jekyll zum Beispiel –, andere eher schlechter – Liam Gallagher, Margaret Thatcher, um nur zwei besonders rabiate Exemplare zu nennen.
Im persönlichen Umgang pflegen die Briten größtmögliche Zurückhaltung, um niemandes Privatsphäre zu verletzen. Wenn der beste Freund eben den Job verloren hat, seine Frau mit dem Milchmann durchgebrannt ist und sein alter Austin nach einem Unfall aussieht wie das britische Weltreich, dann drückt der Brite seine Anteilnahme mit dem Satz »Ein bisschen kühl für die Jahreszeit, ist es nicht?« aus. In Ost-London genügt ein mitfühlend intoniertes »Fuck!«.

Küche

Der Brite kennt keine Küche. Wären nicht Pakistanis, Chinesen und zwei oder drei Franzosen eingewandert, müsste sich die gesamte Bevölkerung nach wie vor von Sandwiches ernähren. Wobei Sandwiches nicht etwa kunstvoll gefüllte Brote sind, sondern leichenblasse, Styropor-artige, ungetoastete Toastbrot-Dreiecke mit Ei und Minzaufstrich oder Gurke und Spurenelementen von Roastbeef dazwischen. Dazu kommen jeweils regionale Spezialitäten wie Haggis oder Irish Stew. Die werden allerdings nicht in einer Küche zubereitet, sondern vermutlich in einer Art Hochofen, in den man eine Herde wilder Kühe und Schweine treibt, diese erschlägt und mit Öl, Fett, Fett, Öl, Kartoffeln, ein bisschen Öl und etwas Fett garen lässt. Mag sein, dass die eine oder andere Kuh verrückt ist, aber das ist nicht das grundlegende Problem an dem Rezept.

Pop

Falls Sie der Ansicht sind, wir verdankten den Briten gute Popmusik, sagen wir nur: Cliff Richard. Samantha Fox. Mel C.

Die königliche Familie

Früher mal hackte man die Könige bei Bedarf in Stücke; die einzige Tradition übrigens, die in England je verloren gegangen ist. Heute müssen sich die Royals mittels schneller Autos gegen Brückenpfeiler wuchten, um ein vorzeitiges Ehrenbegräbnis zu kriegen. Da die Aufgaben der Monarchen nicht so genau festgelegt sind, tut jeder, was ihm gerade einfällt. Das Wichtigste ist, dass die Nation ein Recht hat, zu erfahren, *was* dem Monarchen gerade eingefallen ist. Deswegen haben die Briten TV-Stationen und Zeitungen. Was für die Amerikaner die Familie Bundy, ist für die Briten die Familie Windsor. Eine ziemlich moderne Familie übrigens: Fast alle sind Singles und über Kopulationsvorkommnisse berichten sie im TV. Trotzdem fehlt der derzeitigen königlichen Familie ein wenig die Durchschlagskraft. Heinrich VIII. heiratete immerhin sechs Frauen und hinterließ der Nation die anglikanische Kirche, die er zum Spaß gegründet hatte. Prinzessin Diana hingegen gönnte sich bloß eine mittelmäßige Traumhochzeit, einen Reitlehrer sowie einen Araber und hinterließ ein kaputtes Auto.

Kultur

Die britische Nation steht fest auf dem bedeutsamen Kulturgut der britischen Maßeinheiten. Eine Zeit lang dachte man, Shakespeare sei das Kulturgut Nummer eins, aber den verscherbelten die Briten schließlich an Hollywood. Ihnen bleiben ja immer noch die Maßeinheiten. Da wäre zunächst einmal das Pfund Sterling, eine Währung, die nach dem Wunsch der Bevölkerung auf gar keinen Fall durch den Euro abgelöst werden soll, denn das Pfund ist dem Euro weit überlegen. Erstens existiert es in rund 734 verschiedenen Banknoten und Münzen, die alle anders heißen und untereinander nicht umrechenbar sind und es deshalb ermöglichen, Touristen für ein Styropor-Brot mit einer Zucchini-Scheibe (»Gurkensandwich«) 37,50 Euro zu verrechnen. Zweitens liegt der Wert des Pfundes ohnehin bei rund einem kleinen Gebrauchtwagen. Sollten Sie versuchen wollen, 100 Schilling in Pfund umzutauschen, bekommen Sie bestenfalls eine kleine kupferfarbene Münze, deren Wert in Pfund nicht auszudrücken ist. Der umgangssprachliche Ausdruck für eine solche Geldeinheit lautet übrigens »fuck all«.

Weitere Maßeinheiten, die für Kontinentaleuropäer vollkommen undurchschaubar und deshalb extrem identitätsstiftend sind, heißen: »Stone«, »Yard«, »Gallon« und »a couple«. »Stone« heißt »Stein« und beschreibt das Gewicht eines Steines. Die einzige vernünftige Anwendung beschränkt sich somit auf den Sachverhalt: »Dieser Stein wiegt einen Stein.« Briten geben dennoch auch darüber Auskunft, wie viele Steine sie selbst wiegen. Das kommt vor allem Fergie sehr gelegen, die sagen kann: »Ich wiege zehn Steine«, ohne zu präzisieren, dass es sich um zehn ziemlich große Steine handelt.

Ein »Yard« beschreibt exakt die Länge des Armes von König Heinrich I. Wir lügen nicht. Wäre es vorstellbar, dass wir einem englischen Touristen den Weg nach Schönbrunn mit den Worten erklären: »Da gehen Sie am besten die 500fache Länge des Armes von Kaiser Franz Joseph geradeaus und dann links«?

»Gallon« dient als Maßeinheit für Flüssigkeiten, es sei denn, es handelt sich um Bier, dann misst man in »Pint«. Eine Gallone ist in etwa so viel, wie Heinrich I. pisste, nachdem er 15 Pint getrunken hatte.

Die einzige britische Maßeinheit, die sich als einigermaßen praktikabel erweist, ist »a couple«: Das heißt so viel wie »zwei, drei oder mehrere« und entspricht der Antwort Heinrichs VIII. auf die Frage, wie viele Frauen er noch heiraten möchte.

DIE BULGAREN

Aussehen und Vorkommen

Bulgaren sind selten größer als 1,65 Meter, einige wenige ragen bis auf 1,68 Meter, aber alle wiegen mindestens solide 100 Kilo, die sich wie bei einem Michelin-Männchen in lustigen Reifen auf Arme, Schultern, Brust und Oberschenkel verteilen. Zumindest sehen so die Bulgaren aus, die wir aus dem Fernsehen kennen. Sie tauchen alle vier Jahre bei den Olympischen Spielen auf, wo die Bulgaren ausschließlich in einer Disziplin antreten: im Gewichtheben. Dabei zeigt sich jeder Bulgare zweimal: Einmal watschelt er in viel zu knappen Turnhosen mit doofen Hosenträgern, die sich in den Michelin-Oberkörper einschnüren wie Schneeketten, aber die Brustwarzen frei lassen, auf die Bühne und reißt ein Zwei- bis Dreifaches seines Lebensgewichtes in die Höhe (also etwa in eine Höhe von 1,75 Meter). Danach erscheint er in einem blauen 70er-Jahre-Adidas-Trainingsanzug bei der Pressekonferenz, reißt seine Reifenärmchen in die Höhe und schluchzt, dass er sich nicht erklären könne, warum er bei der Dopingprobe positiv getestet wurde. Bei beiden Events ist der Bulgare puterrot im Gesicht. Beim Gewichtheben vor Anstrengung und nach der Urinprobe, weil jeder wissen will, ob der Schniedel eines Michelin-Männchens auch so dick bereift ist.
Wie bulgarische Frauen aussehen, ist unbekannt, weil Gewichtheben für Damen keine olympische Disziplin ist.

Geografie

Bulgarien hat die Form eines leicht aus der Form gekommenen Waschlappens. Das passt zu den bulgarischen Gewichthebern, die bei ihren »Wir haben keine Ahnung warum«-Pressekonferenzen flennen wie die Waschweiber. Wie es im Lande selbst aussieht, können nur wenige sagen, weil man so gut wie nicht nach Bulgarien reisen kann. Wer mit dem Auto nach Bulgarien fahren will, scheitert spätestens an der Grenze, wo die Zöllner auf der Suche nach – ja, wonach eigentlich? – jedes Auto auseinander nehmen und dann nicht mehr zusammenbauen können. Die übrig gebliebenen Teile verkaufen sie als Ersatzteile. Sollte Ihnen der Grenzübertritt wider Erwarten doch gelingen, weil Sie mit Ihrem Automechaniker unterwegs sind, wird Ihnen schon bald auffallen, dass Bulgarien über kein Straßennetz verfügt, sondern nur über lose aneinander gereihte Löcher. Die stammen von einer der Erwerbstätigkeiten der Bulgaren, der Gewinnung von Kupfer, indem man nämlich entlang der Straßen die Telefonkabel ausgräbt und den Kupferdraht abmacht.

Die Löcher dienen auch als Orientierungshilfe. Folgt man den kleinen Löchern, gelangt man in die Einöde, folgt man hingegen den großen Löchern, gelangt man fast bis nach Sofia. Leider eben nur fast, denn knapp vor Sofia werden die Löcher so groß, dass Mittelklassewagen bequem darin verschwinden.

Aus den Prospekten des bulgarischen Tourismus-Verbandes geht übrigens hervor, dass »Bulgarien ein landschaftlich reizvolles Land ist, das mit einer kilometerlangen Schwarzmeerküste, lieblichen Hängen und zauberhaften Flüssen aufwarten kann«. Der Prospekt stammt in etwa aus dem Jahr 1837, hat aber seine Gültigkeit nicht verloren. Es fehlt nur der Hinweis, dass sich auch an der Infrastruktur seit 1837 nichts Wesentliches verändert hat.

Geschichte

Die bulgarische Geschichte belegt eindrucksvoll, dass man keine Schlacht gewinnen kann, wenn man außer Gewichtheben keine Kampfsportart betreibt. Egal, welche Eroberer gerade des Weges kamen, die Bulgaren standen immer nur daneben, stemmten schwere Sachen in die Höhe und wurden im Vorbeigehen niedergemetzelt. Der byzantinische Kaiser Basil II. ließ 1014 gleich 15 000 Bulgaren die Augen ausstechen. Damals war das Michelin-Männchen ernsthaft vom Aussterben bedroht und wurde vom World Wildlife Fund adoptiert.

Auch die Türken führten im 19. Jahrhundert die Tradition fort, Bulgarien in regelmäßigen Abständen zu verwüsten. Damals hatten die Bulgaren versucht, sich mit nationalistischer Folklore gegen die Besatzer zu wehren, was sich als ähnlich effektiv erwies wie Gewichtheben.

Nachdem sie in jedem Krieg des 20. Jahrhunderts auf der Seite der Verlierer gestanden hatten – und das war nicht einfach, denn auf die Idee, sich als slawisches Volk im Zweiten Weltkrieg mit den Deutschen zu verbünden, mussten die Bulgaren erst einmal kommen –, reduzierte sich das bulgarische Territorium auf das absolute Minimum, das erforderlich ist, um als ziemlich großes Land ziemlich dumm dazustehen. Um dieses Ziel zu erreichen, bedurfte es der kommunistischen Expertise in Sachen Wirtschaftsdesaster. In den letzten Jahren drängt Bulgarien in die EU und wartet sehnlich darauf, dem EU-Kommissionspräsidenten zeigen zu können, welche Fortschritte das Land gemacht hat. Bisher ist der Besuch allerdings ausgeblieben, möglicherweise hockt der Kommissionspräsident ja in einem Loch zwischen dem Flughafen und der Innenstadt von Sofia.

Wein

Die Bulgaren sind so etwas wie die Burgenländer des Balkan. Wenn sie nicht gerade Gewichte sinnlos in die Höhe wuchten, saufen sie Wein und haben deshalb über die Jahre große Knollennasen bekommen. Das einzige Vernünftige, was der bulgarische Boden hergibt, ist Wein. Weil sie aber da ebenfalls ständig versuchen zu dopen, ist er in weiten Teilen Westeuropas verboten.

Sprache

Das Bulgarische gibt Linguisten seit jeher Rätsel auf. Bislang ist völlig ungeklärt, wozu eine Endsilbe dienen soll, die an jedes Wort angehängt wird, wie eben das bulgarische »ov«. Endsilben sind gewöhnlich dazu da, um irgendwas anzuzeigen, einen Fall oder eine Zeitform. Wenn man aber immer dieselbe Silbe anhängt, wirktov dasov dochov rechtov doofov.

Wahrscheinlich gibt es für die bulgarische Grammatik keine logische Erklärung. Darauf deutet bereits das Faktum hin, dass Bulgaren nicken, wenn sie verneinen, und den Kopf schütteln, wenn sie eigentlich Ja sagen wollen.

Im 9. Jahrhundert, als sich bereits abzeichnete, dass die Arbeitslosigkeit in Bulgarien für den Rest der Menschheitsgeschichte überdurchschnittlich hoch sein würde, fiel den Bulgaren ein besonders hirnrissiger Arbeitsplatz ein: Sie stellten einfach ihre Schrift auf das kyrillische Alphabet um. Legionen von Mönchen hatten dadurch jahrhundertelang zu tun, die Bibel und andere Bestseller von Lateinisch auf Kyrillisch zu übertragen. Außerdem biederten sich die Bulgaren dadurch an die Russen an, was eine Zeit lang vielleicht ganz nützlich war; seit 1989 aber ist das kyrillische Alphabet nur noch eine Plage.

Wirtschaft

Bulgarien hat eine Handelsbilanz wie Somalia. Kein Wunder, die Bulgaren bauten auch seit jeher stur ihre Handelsbeziehungen mit Staaten auf, die einen Leumund haben wie Osama bin Laden. Zuerst tauschten sie mit der Sowjetunion ihre Sachen aus, später dann mit dem Irak.
Das wichtigste Exportgut der Bulgaren ist der Dienstleistungssektor – mit 51 Prozent. Klar, auch westeuropäische Staaten wollen von den bulgarischen Dopingerfolgen profitieren.

Sport

Neben dem erwähnten Gewichtheben praktizieren die paar Bulgaren, die auf Dopingpräparate allergisch sind, Fußball. Dank ihrer Körperform sind sie schwer zu umspielen, allerdings fehlt es der Nation an Torleuten. Ziel jedes bulgarischen Fußballers ist es, im Ausland ein bisschen Geld zu verdienen, denn damit kann er sich zu Hause locker eine Bank kaufen wie Hristo Stoitschkov.

Kultur

Die größten kulturellen Leistungen der Bulgaren bestanden bisher darin, dass sowohl Orpheus als auch dessen Musen auf bulgarischem Territorium geboren wurden. Etwas getrübt wird dieser Erfolg dadurch, dass es sich bei den Genannten um mythologische Figuren handelt, deren Staatsbürgerschaft gemeinhin eher als irrelevant eingestuft wird.

Bulgarische Dichter zeichnen sich dadurch aus, dass kaum einer 30 Jahre alt wird. Dimcho Debelyanov fiel in jungen Jahren im Ersten Weltkrieg, Geo Milev wurde von Polizisten ermordet. Vielleicht waren es aber auch Literaturkritiker.

Berühmtheit erlangte bulgarische Vokalmusik durch Chöre wie »Le Mystère des Voix Bulgares«, die so ungeheuer polyfon singen können, dass es schaurig falsch klingt, obwohl sie angeblich richtig singen.

DIE DÄNEN

Aussehen und Vorkommen

Dänen erkennt man sehr leicht daran, dass sie gescheckte Haut haben, einen dämlichen Blick, vier Beine und große Euter. Es könnte aber auch sein, dass wir da etwas verwechseln, weil man in Dänemark fast keine Leute trifft, sondern dauernd landwirtschaftliche Nutztiere. Manchmal lugt hinter einer dieser Fleisch- und Milchproduktionseinheiten ein Däne hervor. Für längeren Blickkontakt ist jedoch keine Zeit, denn der Däne muss melken gehen, und zurück bleibt ein flüchtiger Eindruck, halb Rind, halb Melkmaschine.

Die Dänen bleiben meist brav zu Hause in Dänemark, denn irgendwer muss ja auf die Kühe aufpassen. Nur ganz selten verlassen Dänen ihr Land, entweder in Herden, um Norwegen zu erobern, oder allein, um Supermodel oder Zuchtbulle zu werden. Dänische Supermodels erkennt man an den kleinen Eutern, Zuchtbullen an der geringen Tagesfreizeit.

Geografie

Dänemark besteht aus über 400 Inseln, die wie schwimmende Kuhfladen zwischen Deutschland und Schweden liegen und im Wesentlichen nur eine Funktion haben: die Ostsee von der Nordsee zu trennen. Ohne Dänemark gäbe es keine Ostsee, was vielleicht auch besser gewesen wäre, denn dann hätten sich die Balten, die Polen und die Dänen ihre Legoland-Kriege um die Vorreiterrolle im Ostseeraum sparen können.

Flächenmäßig ist Dänemark eigentlich eine Großmacht, denn zu dem Königreich gehören auch noch Grönland und die Färöer-Inseln, was am Immobilienmarkt in etwa so eingeschätzt wird, als würde man ein Aquarium am Grund des Pazifik besitzen.

Königshaus

Die Dänen sind ungeheuer stolz darauf, die älteste Monarchie der Welt zu sein. Und das ist noch nicht alles! Das dänische Königshaus ist zudem das unbekannteste, uneinflussreichste und am wenigsten fotografierte der Welt. Wenn ein Mitglied der dänischen Königsfamilie in »Gala« vorkommen will, muss es ein Inserat schalten. Dem Vernehmen nach wird die kommende königliche Generation auf den Gebieten der Bulimie und des Ehebruchs geschult, um den Ansprüchen einer modernen Monarchie zu genügen.

Geschichte

Bis weit ins Mittelalter hinein pflegten Dänen, Norweger und Schweden einander halbstündlich zu überfallen, um den jeweiligen Kontrahenten entweder zu töten, zu heiraten oder zu irgendeiner blödsinnigen Religion zu bekehren. Das Ergebnis war jeweils exakt dasselbe: Kuhweiden wechselten den Besitzer. Sogar endlos scheinende Kriege wie der Dreißigjährige endeten mit enttäuschenden Resultaten: König Christian IV. verlor ein Auge. Hin und wieder wurde Kopenhagen in Brand gesteckt, was Touristen heute den Anblick rückständiger Architektur weitgehend erspart.

Was immer die Dänen eroberten, es handelte sich um Gegenden, die andere Nationen zurückschicken würden, wenn sie sie als Werbegeschenke zugesandt erhielten: Rügen, Pommern oder Estland.

Im Ersten Weltkrieg verhielten sich die Dänen neutral, weil gerade die Kühe kalbten. Dafür bekamen sie vom Völkerbund Nord-Schleswig zugesprochen, wo wiederum gut 200 Stück Rinder Startweiden gründen durften. Beim Ausbruch des Zweiten Weltkrieges kamen die Dänen gerade vom Ausmisten aus dem Stall und wollten sich wegen des großen Erfolges neuerlich neutral erklären, aber da stand die Wehrmacht bereits im Wohnzimmer.

In der zweiten Hälfte des 20. Jahrhunderts entwickelten die Dänen ein ausgeklügeltes Sozialsystem, das jedem eine Mindestkuh garantiert, für die der Staat Tagesheimweiden und Melkunterstützung zahlt.

Legoland

Jede Nation braucht ein identitätsstiftendes Projekt, irgendetwas Großes. Das kann ein Weltreich sein, eine Ideologie oder – im Idealfall – so etwas wie die Wiener Klassik. Die Dänen haben etwas gefunden, das ihren kulturellen Ambitionen entspricht: Sie spielen Lego. Und die Rede ist hier nicht von Dänen zwischen zwei und sechs Jahren, sondern von vermeintlich erwachsenen Dänen. Die saßen alle auf der Insel Jütland zusammen und bauten aus kleinen Plastiksteinen große Bauwerke nach. Das Ergebnis kann man seither mitleidig betrachten und sich die Frage stellen, warum wir die dänischen Querulanten nicht aus der EU werfen und sie zusammen mit Monaco, Liechtenstein und Andorra eine Kinder-EU gründen lassen.

Wirtschaft

Im Grunde tun die Dänen den ganzen Tag nichts anderes als auf ihre Kühe aufzupassen und so sieht auch ihre Wirtschaft aus. Das Einzige, was zivilisierte Länder aus Dänemark importieren, ist Butter. Abgesehen davon, was Kühe und Schweine so hergeben, beschränkt sich die dänische Wirtschaft darauf, alle paar Monate Anträge auf den Beitritt zur Währungsunion niederzuschmettern. An Stelle des Euros wollen die Dänen lieber die Krone behalten, die in ihrer Bedeutung auf den internationalen Finanzmärkten das darstellt, was Grönland für die Weltpolitik ist. Die dänische Nationalbank überlegt, neben Krone und Öre bald auch Legosteine als Zahlungsmittel in Umlauf zu bringen.

Kunst und Kultur

Kulturell machten die Dänen bereits in der Steinzeit Furore, als sie ihre Toten vertikal begruben, was den Job des Totengräbers zwar nicht gerade erleichterte, aber immerhin eine kleine Innovation war. Der Sinn der vertikalen Endlagerung blieb leider im Dunkeln, da die Dänen damals nicht schreiben konnten, was sich seither nicht wesentlich geändert hat, denn der bekannteste dänische Schriftsteller ist in

Wahrheit Märchenerzähler und heißt Hans Christian Andersen. Dessen Märchen haben wenigstens so etwas wie einen Plot, während der Märchenerzähler Sören Kierkegaard existenzbedrohende Langeweile verströmte und deshalb als Existenzialist Karriere machte.

Weil Kopenhagen nicht die geringste architektonische Besonderheit aufzuweisen hat, muss eine Meerjungfrau aus Bronze als Wahrzeichen herhalten, die kleiner ist als der Orang-Utan im Tierpark Schönbrunn.

DIE DEUTSCHEN

Aussehen und Vorkommen

Die Deutschen sehen so aus, als seien sie permanent drauf und dran, einen Weltkrieg anzufangen oder einen jämmerlichen Witz zu erzählen, und eines von beiden tun sie dann tatsächlich meistens. In den letzten Jahren entschieden sie sich für den jämmerlichen Witz, aber das war nicht immer so.

Was ihr Äußeres anlangt, ist man versucht zu sagen, dass die Deutschen unauffällig wirken, aber das liegt bloß daran, dass die Deutschen überall sind, von Südspanien bis Lappland. Und weil sie überall, wo sie hinkommen, umgehend deutsche Kolonien einrichten, inklusive bayrisches Weißbier, Eisbein, Sauerkraut und ADAC-Station, schaffen sie es binnen kurzer Zeit, dass etwa der klein gewachsene, dunkle Spanier auf Mallorca für einen Ausländer gehalten wird. Die Deutschen halten eine Ästhetik, die irgendwo zwischen Mike Krüger und Joseph Goebbels angesiedelt ist, für die Norm, nach der sich alle anderen Völker zu richten haben. Und wie man weiß, kennen die Deutschen da keinen Spaß, das geht ebenso deutlich aus ihrem Humor hervor wie aus ihren Weltkriegen.

Das Stammland der Deutschen ist Deutschland, allerdings müssen die Nachbarstaaten sich immer den Expansionsfaktor vor Augen halten. Staaten, die nicht in weiser Voraussicht einen Ozean zwischen sich und Deutschland eingelassen haben, sollten ihre Grenze nicht aus dem Blickfeld lassen. Der Grund dafür, dass es die Deutschen ständig in fremde Länder drängt, muss wohl daran liegen, dass ihre Heimat in allen Belangen zu wünschen übrig lässt. Zwar gibt es da ein paar Berge, aber sobald es wirklich steil ansteigt und die Alpen beginnen, endet Deutschland auch schon wieder. Ähnlich ist es mit dem Meer. Zwar gibt es da ein paar Strände, aber bloß solche, wo man allerhöchstens drei Stunden pro Jahr baden kann.

Der Rest Deutschlands ist übersät mit Kleinstädten, die ausschließlich dazu dienen, nicht zu überbietende Biederkeit zu verströmen, die sich als Umgebung für Verbrechen eignet, weil die Kombination so herrlich Angst macht. In Wahrheit sieht ganz Deutschland aus wie eine Kulisse für »Aktenzeichen XY – ungelöst«. Hinter jeder Gartenhecke kann ein Deutscher lauern.

Geschichte

Das Unheil mit den Deutschen begann schon rund um Christi Geburt. Während sich ganz Europa von den Römern unterwerfen ließ, was Bildung und Kultur von primitiven Völkern wie Franzosen und Spaniern wirklich gut tat, wehrten sich die einfältigen Germanen wie wild gegen die Römer. Der Grund dafür dürfte darin gelegen haben, dass die Germanen zu dämlich waren, Latein zu lernen. Ergo wandten sie rohe Gewalt an und schlugen die heranrückenden Lateinlehrer in der Schlacht vom Teutoburger Wald in die Flucht. Damit war die Gefahr der Errichtung eines Gymnasiums auf deutschem Boden gebannt, und während südlich der Donau die Menschen »rosa, rosae ...« deklinierten und mit Messer und Gabel aßen, hatten die Germanen schulfrei und stopften mit den Händen ungehäutete Wildschweine in sich hinein. So blieben sie Barbaren und haben den Entwicklungsrückstand bis zum heutigen Tag nicht aufgeholt, denn im weiteren Verlauf der Geschichte erwiesen sich die Deutschen kultureller Hilfe von außen gegenüber als vollkommen resistent.

Um die Jahrtausendwende schlugen die Deutschen die Ungarn zurück, die eigentlich nur auf einer Werbetour für Gulasch, Tokaier und Csardas waren; um 1300 wehrten sie sich erfolgreich gegen die Mongolen, die den Deutschen das Reiten beibringen wollten; Anfang des 19. Jahrhunderts hatten die Franzosen unter Napoleon Mitleid mit den grausam schlecht gekleideten Deutschen, doch auch gegen diese Kulturoffensive machten die Deutschen Mauer.

Hätten sich die Deutschen wenigstens darauf beschränkt, beschränkt zu bleiben, hätte die übrige Welt geflissentlich über ihre Existenz hinwegsehen können. Doch die Nachfahren der Germanen begannen im 20. Jahrhundert sich offensiv danebenzubenehmen und zettelten innerhalb von 30 Jahren zwei Weltkriege an.

Um den Ersten zu gewinnen, setzten sie sich allen Ernstes Pickelhelme auf den Kopf, was Militärexperten schon früh zu der Prognose veranlasste, dass sie mit großer Wahrscheinlichkeit in eine Niederlage rennen würden. Was sie auch taten. Unverbesserlicherweise ließen sie sich beim zweiten Versuch, die Welt zu erobern, von einem Wirrkopf mit scheußlichem Oberlippenbärtchen einreden, sie seien der übrigen Menschheit in irgendeiner Weise überlegen; eine Annahme, die bei jeder Latein-Olympiade leicht zu falsifizieren gewesen wäre.

Zwei Staaten

Eine Zeit lang musste Europa die Bürde tragen, dass es gleich zwei Staaten gab, die »Deutschland« oder so ähnlich hießen, und man musste sich bange die Frage stellen, ob sich diese schlechte Idee ausbreiten würde. Glücklicherweise aber waren die Deutschen zu sehr mit sich selbst beschäftigt, um die Gründung weiterer deutscher Staaten anzustiften.

Die einen Deutschen züchteten mit Hilfe der biochemischen Industrie Schwimmer und entwarfen mit sowjetischen Generälen lustige Wirtschaftspläne, die nie funktionierten, während die anderen Deutschen beim Schwimmen versagten, dafür wochentags ein Wirtschaftswunder bastelten und am Wochenende ihre Autos wuschen.

Nach 40 Jahren schließlich fiel den beiden deutschen Staaten auf, dass sie eigentlich gut zusammenpassen würden, da sie beide post-barbarisch und langweilig waren. Also vereinten sie sich wieder, die Westdeutschen schenkten den Ostdeutschen abgelaufene Bananen und versprachen ihnen, dass sie sich statt der alten Trabis einen BMW kaufen dürften, wenn sie das Geld dafür hätten, und die Ostdeutschen schenkten den Westdeutschen im Gegenzug ein paar Schwimmer und jede Menge Sporttaschen voller Ampullen.

Inzwischen macht sich zwischen den vereinten Deutschen wieder etwas Unmut breit, weil die Westdeutschen geschnallt haben, dass sie um das Geld, das sie die paar Schwimmer gekostet haben, die gesamten Olympischen Spiele kaufen hätten können, und die Ostdeutschen haben realisiert, dass sie auf einen BMW noch rund 83 Jahre sparen müssen, und Trabi gibt es jetzt keinen mehr.

Sprache

Die Deutschen haben ein Problem mit der Aussprache. Egal, was sie sagen, es klingt alles ein bisschen nach Reichstagsrede. Nur in manchen Landstrichen lässt sich ein Bemühen erkennen, auch weicheren Konsonanten eine Chance zu geben, doch da entgleitet ihnen die Sprache völlig und sie geben Laute von sich wie »Wadde hadde dudde da«. Und ganz ehrlich: Wer eine Semmel »Schrippe« nennt, sollte besser ungehäutete Wildschweine essen.

Musik

Eigentlich begann die Geschichte der deutschen Musik überraschend viel versprechend, wenn man bedenkt, dass sie mit Dieter Bohlen ihr Ende nahm. Johann Sebastian Bach etwa komponierte ganz hübsch, wenn seine Werke auch darunter litten, dass es darin vornehmlich um christliche Passionen, Sterbechoräle und ähnlich abtörnende Sachen geht.

Andere begabte Musiker flüchteten aus Deutschland, um dem »Aktenzeichen XY – ungelöst«-Ambiente zu entgehen. Händel ging nach London und Beethoven, der sich in Wien inspirieren ließ, besuchte Deutschland erst wieder, nachdem er sein Gehör verloren hatte.

Was die Deutschen danach so komponierten, eignete sich dann nicht einmal mehr als Choral zum Sterben. Carl Maria von Weber vertonte im »Freischütz« Lieder, bei denen sich »drei« auf »Blei« reimt und »acht« auf »Nacht«, also im Wesentlichen eine Art Kindersingspiel.

Richard Wagner wiederum darf sich rühmen, für das Musiktheater das erfunden zu haben, was man im Motorsport ein »24-Stunden-Rennen« nennt, nämlich die Oper, in deren Verlauf man ein- bis zweimal schlafen gehen sollte. Um derartige Monstrositäten zu komponieren, griff Wagner zu an sich relativ simplen Geschichten, die jeder Gymnasiast in drei bis vier Sätzen zusammenfassen kann, und streckte die Handlung unnötig in die Länge. Weil diese Technik dem Publikum das Gefühl vermittelt, die Oper würde kein Ende nehmen, betitelte Wagner sein Hauptwerk »Ring« der Nibelungen.

Ein besonders trauriger Fall eines deutschen Komponisten eröffnete dem deutschen Musiktheater eine weitere Einbahnstraße: Carl Orff, der bedauerlicherweise kein Musikinstrument beherrschte und dies durch Hämmern auf Küchenutensilien hilflos zu vertuschen versuchte.

Als der Rock 'n' Roll und die Popmusik international Furore machten, entwickelten die Deutschen so etwas wie einen Gegenentwurf und applaudierten äußerst zweifelhaften Figuren wie Heino oder Gus Backus und zogen damit gegen die Popmusik in eine Art Weltkrieg, den sie aus Gewohnheit verloren. Zweimal noch blickte die Popwelt fasziniert auf deutsche Sänger: Auf »Milli Vanilli«, weil das Duo statt zu singen lediglich die Lippen bewegte, und auf Nena, weil sie ärmellose T-Shirts trug und sich die Achselhaare nicht rasierte. Dann kam Dieter Bohlens »Modern Talking« und führte die Deutschen zurück in die vertraute Barbarei.

Literatur

Die deutsche Literatur folgt einer einfachen Gleichung: Je besser ein Autor ist, umso länger ist er bereits tot. Schriftsteller, die bereits eine Ewigkeit tot sind, konnten locker die Bibel neu interpretieren wie Martin Luther und landeten damit in diesem Genre den größten Bestseller seit den Evangelisten. Auch Johann Wolfgang von Goethe beherrschte noch so gut wie alle dichterischen Formen und schrieb pausenlos, sogar wenn er in Lignano auf Urlaub war. Allerdings war bei Goethe bereits ein leichter Hang zur Lachhaftigkeit zu bemerken. Während der erste Teil des »Faust« zwar bloß die Geschichte eines Typen erzählt, der die Bibel übersetzen soll und sich stattdessen an die Nachbarstochter ranmacht, im Großen und Ganzen aber wenigstens nachvollziehbar erzählt ist, versandet der zweite Teil gänzlich in einem Wirrwarr, dem man kaum etwas abgewinnen kann, mit Ausnahme der Tatsache, dass es nicht von Richard Wagner vertont wurde.
Später zeichnete noch Thomas Mann Familiengeschichten auf, die so langatmig ausfielen, wie Geschichten über Familien, die ganz eindeutig zu viele Mitglieder haben, eben sind.
Heute kann man den Zustand der deutschen Literatur mit den Worten eines älteren Polen analysieren, dessen scharfe Beobachtungen wie »Daf ift ein flechtef Buch« beziehungsweise »Waf geht mich daf an?« mehr oder weniger auf jeden deutschen Roman zutreffen.

Sport

Die deutsche Fußballnationalmannschaft mag zuweilen irgendwelche Trophäen erringen, von einer höheren Warte aus betrachtet verlor sie jedoch das bedeutendste Spiel des 20. Jahrhunderts: Cordoba, 1978, 2:3 gegen Österreich.

Ähnliches gilt für den Rennsport. Hätte Niki Lauda nicht die Einsicht gewonnen, dass das Fahren im Kreis ein unwürdiger Beruf ist, dürfte Michael Schumacher heute bloß Nikis Reifen aufpumpen. In allen Sportarten, in denen die Deutschen die geerbten DDR-Ampullen einsetzen können, sind sie nicht zu schlagen. Auf den österreichischen Skipisten jedoch erkennt man einen Deutschen daran, dass er den Hang herunterkullert und in der Hütte »Jägertee« verlangt.

Kunst und Architektur

Die deutschen »Bauhaus«-Architekten erfanden die Schuhschachtel zum Wohnen und die berühmte Maler-Gruppe »Die Brücke« war so ein Schlager, dass der Gruppenname auch gleich zur Wohnadresse wurde. Einmal pro Millennium veranstalten die Deutschen auch eine Weltausstellung, die dann in etwa so erfolgreich ausfällt wie ihre Weltkriege.

Küche

Seit der Zeit, als die Deutschen die Römer zurückgeschlagen haben, hat sich in der deutschen Küche wenig getan. Das ungehäutete Wildschwein wurde durch den Saumagen ersetzt, und um sich ein bisschen weltoffener zu zeigen, haben die Deutschen immerhin die Pizza importiert, allerdings im Hinblick auf die germanische Zunge ein wenig modifiziert: Mit Spaghetti und Pommes frites belegt heißt diese Kreation »Pizza Berlino«. Ein Gericht, das ein Wildschwein vermutlich verschmähen würde.

DIE ESTEN

Aussehen und Vorkommen

Esten tragen ausnahmslos selbst gestrickte Pullover. Jeder mit einem eigenen Muster, also gibt es insgesamt 1,48 Millionen verschiedene Pullistrickmustervariationen. Jeder Este hat darüber hinaus übrigens immer mindestens fünf solcher Pullis dabei, die er Ausländern überzieht und dafür 200 Eesti Kronen verlangt, auch wenn die Ausländer die Pullis nicht wollen, weil sie nämlich kratzen.

Geografie

Estland ist unschwer zu lokalisieren. Es liegt genau da, wo Sie Lettland vermutet hätten. Estland ist auch trotz seines irreführenden Namens kein Land im eigentlichen Sinne, sondern ein Souvenir der Eiszeit, genannt Jungmoränenlandschaft. Die bietet übrigens ein großes Maß an Lebensqualität, vorausgesetzt man ist ein Stück Torf.
Estland liegt eingequetscht zwischen zwei Meerbusen, was romantisch klingen mag, andererseits aber dafür sorgt, dass das Wetter manchmal feucht ist, bevor es wieder ins Nasskalte übergeht. Ein Teil des Landes besteht aus Sümpfen, der Rest ist Moor. Estland eignet sich hervorragend dazu, große Mengen von irgendetwas Unliebsamem zu versenken. Da diese Deponie exakt die Größe Estlands hätte, könnte man dort ziemlich gut Estland selbst versenken. Den Torf würde das nicht weiter stören.

Geschichte

Die Esten waren eines der ersten Völker Europas, die sesshaft wurden. Sie wurden bereits von Tacitus beschrieben, der allerdings aus Höflichkeit verschwieg, dass man ganz schön dämlich sein muss, um ausgerechnet in Estland sesshaft zu werden.

Anfangs teilten sich die Dänen und die Deutschen Estland, aber den Dänen war es bald unangenehm, ein Stück Land zu besitzen, das noch mieser gelegen war als ihr eigenes, und so verkauften sie ihren Teil an den Deutschen Orden. Dem Vernehmen nach betrug der Kaufpreis eine Nacktschnecke. Eine gelungene Investition, denn vorübergehend hat sich der Wert Estlands auf bis zu zwei Nacktschnecken verdoppelt.

Die estnische Geschichte entwickelte sich als Abfolge faszinierender Ereignisse: Kriege, Pest, Missernten und Hungersnöte. Im 18. Jahrhundert war das estnische Volk auf 130 000 Strickpullover geschrumpft.

Später dann wurde Estland abwechselnd von den Russen und den Deutschen beherrscht, je nachdem, wer gerade schlechter drauf war. Doch als die Sowjetunion zerfiel, hatten die Deutschen dummerweise gerade keine Lust, Estland zu unterwerfen. Seitdem sitzen die Esten als unabhängige Strickpullover in ihrer Jungmoränen-Deponie und warten darauf, dass irgendjemand ihr Land um eine halbe Nacktschnecke kauft.

Sprache

Estnisch klingt in etwa so wie rückwärts gesprochenes Finnisch.

Kultur

Alle fünf Jahre treffen sich alle Esten, die sich darüber ärgern, dass Estland nicht am Eurovisions-Songcontest teilnehmen darf, zu den »Gesamtestnischen Sängerfesten« in Tallinn. Dort singen dann ein paar hunderttausend Leute estnische Volkslieder und glücklicherweise liegt Tallinn außer Hörweite relevanter Besiedlungen – mit Ausnahme von Helsinki, wo man den Krach für rückwärts gesungene finnische Volkslieder hält.

Die fünf Jahre zwischen den Sängerfesten nutzen eingeborene Esten dazu, den Bestseller estnischer Literatur zu lesen. Es handelt sich dabei um ein Buch, das ein gewisser Anton Hansen Tammsaare verfasst hat. Tammsaare gelang es auf beeindruckende Weise, sich mit seinem Werk harmonisch in die Reihe der oben erwähnten estnischen Ereignisse (Pest, Hungersnöte etc.) einzufügen. Sein Romanzyklus umfasst fünf Bände, ist kurzweilig wie der neunmonatige estnische Winter und handelt vom Werdegang eines Bauernsohnes. Der reißerische Titel: »Wahrheit und Recht«.

Auch das estnische Nationalepos, das vom Riesen Kalevipoeg handelt und ein überflüssiges Plagiat der finnischen Kalevala darstellt, liest sich flott wie eine jungeiszeitliche Moräne. Seitenweise geht es nur darum, dass irgendein Riese Steine trägt und sie hin und wieder in die Gegend schleudert.

Küche

Die Esten bereiten mit viel Liebe Blut zu. Als Wurst in Schweinegedärmen oder auch als Blutpalatschinken. Dazu trinkt man am besten Vana-Tallinn-Likör, der anfangs süß schmeckt und später dann im Krankenhaus beim Magenauspumpen zusammen mit den Blutgerichten hübsche Farbmischungen ergibt.

Russische Minderheit

In Estland leben auch rund 500 000 Russen, die die Sowjetunion den Esten als Andenken hinterlassen hat. Die Esten verweigern den Russen hartnäckig die estnische Staatsbürgerschaft, versprechen ihnen aber, sie nicht länger zu diskriminieren, als sie selbst von den Russen unterdrückt wurden. Die Russen können also in rund 200 Jahren mit ersten Erleichterungen rechnen.

DIE FINNEN

Aussehen und Vorkommen

Die Finnen sehen aus wie in Alkohol eingelegte Fischstäbchen. Blass, tiefgefroren und betrunken. Manchmal zwängen sie sich zwar in grellfarbene, eng anliegende Plastikanzüge und springen von Skischanzen oder sie setzen sich einen Helm auf und rasen in bunten Autos durch die Gegend, aber das sind nur Ablenkungsmanöver. Unter dem Skispringeranzug oder dem Rallye-Helm steckt immer ein tiefgefrorener, blasser Betrunkener.

Finnische Frauen sehen exakt gleich aus wie Männer, was daran liegt, dass das finnische Klima geschlechterspezifische Unterscheidungsmerkmale nicht zulässt: Pro Grad unter null eine Wollschicht. Wie die Paarung der Finnen unter diesen Umständen funktioniert, ist eines der letzten unerforschten Geheimnisse der Biologie. In den Striptease-Lokalen von Helsinki ziehen sich die Frauen die Anoraks und Schals aus und lassen die Rollkragenpullover an.

Die Finnen leben, ähnlich wie Lurche, in feuchten und dunklen Biotopen. Deswegen trifft es sich gut, dass es in Finnland entweder Nacht ist oder Winter, meistens aber beides. Angeblich beträgt die Bevölkerungszahl nicht mehr als 5,1 Millionen, obwohl in Finnland Platz wäre für ein Vielfaches. Das deutet darauf hin, dass das Paarungsproblem doch noch nicht ausreichend gelöst ist.

Geografie

Angeblich hängt Finnland irgendwie zusammen, allerdings würden wir nicht darauf wetten. Angesichts der 55 000 Seen könnte es durchaus sein, dass es sich in Wahrheit um ein Stück Meer handelt mit ein paar Inseln drin. Der Landweg rund um Finnland wird noch gesucht. Finnland reicht absurd weit nach oben, nämlich über den Polarkreis hinaus. Dabei muss jedem einleuchten, dass der Polarkreis so etwas wie ein Warnschild ist, das bedeutet: »Stopp! Ab hier ist alles unbewohnbar! Nur idiotische Länder erstrecken sich so weit nach Norden!«

Im Großteil Finnlands dauert der Winter nur eine Nacht lang, die aber reicht von Ende September bis Anfang Mai. Danach dämmert es ein bisschen und es folgt eine Jahreszeit, die wir als »trüb-feuchtes Morgengrauen« bezeichnen würden. Die Finnen sagen dazu Sommer.

Geschichte

Um 1000 vor Christus, also zu einer Zeit, als es noch keine Charterflüge gab, beschlossen die so genannten Finno-Ugren, vom Ural nach Westen zu wandern. An sich keine schlechte Idee, aber man sollte meinen, dass man so einen Trip ordentlich plant, wenn man ihn schon zu Fuß zurücklegen muss. Es bleibt daher bis heute ein Rätsel, wieso diese Finno-Ugren ausgerechnet in Finnland endeten. Was sie dort taten, ist vollkommen ungeklärt, da sie finno-ugrisch sprachen und sich daher niemandem mitteilen konnten. Wahrscheinlich verprügelten sie ihren Reiseleiter.

Im 9. Jahrhundert nach Christus besuchten die Schweden die verirrten Finno-Ugren, die bis dahin absolut nichts zur Weltgeschichte beigetragen hatten, und eroberten sie. Wie es den Schweden gelang, den Finnen klar zu machen, dass sie zum Christentum übertreten sollen, ist schleierhaft. Wahrscheinlich tauften sie das Waldvolk, indem sie es in die Seenplatte rempelten. In den darauf folgenden 1000 Jahren übten die Finnen Indogermanisch, erlernten es aber nie. Zwischendurch wurden sie wortlos zu Protestanten reformiert. Irgendwann einmal eroberten die Russen die Finnen, was aber keine besonders große Leistung war, da die Finnen bis zum heutigen Tag keine nennenswerte Auseinandersetzung gewonnen haben, die nicht auf einer Skischanze ausgetragen wurde. Die Unabhängigkeit 1918 errangen sie nur mit Hilfe der Deutschen.

1939 holten sich die Russen aus Jux wieder ein Stück Finnland, was die Finnen 1941 auf die hirnrissige Idee brachte, sich mit den Deutschen gegen die UdSSR zu verbünden. Nach ein bisschen Kämpfen sahen sie den Irrtum ein und kämpften fortan gegen die Deutschen, ohne dass das einen großen Unterschied gemacht hätte.

Nach dem Krieg wurden die Finnen Freunde der Russen, um nicht alle paar Jahre wieder erobert zu werden. Nachdem die Russen seit 1989 auch nicht mehr das sind, was sie einmal waren, suchten sich die Finnen neue Freunde und machen jetzt auf europäisch. Ein starkes Stück für Leute, die immer noch nicht indogermanisch sprechen können.

Sprache

Wie bereits höflich angedeutet, können die Finnen nicht Indogermanisch, obwohl es da weiß Gott genug Auswahl an Sprachen gegeben hätte. Stattdessen beharren sie auf dem Finnischen, das bei Redaktionsschluss etwa 26 Fälle hatte, dafür keinen Artikel und keine Präposition. Die UNO sollte endlich per Luftflotte Care-Pakete mit linguistischen Grundelementen abwerfen.

Alkohol

Vermutlich weil Wasser in Finnland dauernd gefroren ist, trinken die Finnen gegen den Durst Alkohol, dessen Gefrierpunkt knapp unterhalb der langjährigen Durchschnittstemperatur Finnlands liegt. Vielleicht saufen sie aber auch um zu vergessen, dass sie sich in der unwirtlichsten Gegend Europas niedergelassen haben anstatt im Salzkammergut. Kann aber auch sein, dass die Finnen nur deshalb saufen, weil sie bloß die Wahl haben, mit dem Schiff zu den Schweden rüberzufahren, die Finnen für bescheuerte Waldschratte halten, oder zu den Esten, die den Finnen sprachlich am nächsten stehen und trotzdem kein Wort verstehen, oder zu den Russen, die Finnland demnächst erobern, sobald ihnen der Wodka ausgeht.
Weil die finnische Regierung nicht will, dass ihre Bürger so viel saufen, halten sie das Alkoholmonopol und verkaufen Alkohol nur in staatlichen »Alko«-Shops, die täglich von 11.38 Uhr bis 12.23 Uhr geöffnet sind und in denen eine Flasche mittelmäßigen Weins so viel kostet wie Karelien. Die Finnen sind äußerst pünktlich und sparsam, damit sie exakt um 11.38 Uhr mit dem nötigen Haufen Geld über den »Alko« herfallen können.

Lappen

Außer den Finnen leben in Finnland auch noch Schweden, die Schwedisch mit finnischem Akzent und Finnisch mit schwedischem sprechen und deshalb darauf bestehen, dass alles zweisprachig angeschrieben wird, sowie die Lappen. Den Lappen ist es lieber, wenn man sie »Samen« nennt, und das verstehe, wer will. Die Lappen leben hoch im Norden Finnlands davon, dass man dort nicht leben kann und deshalb mit enormen staatlichen Unterstützungen vor dem Aussterben bewahrt wird. Hin und wieder kastrieren sie ein Rentier mit den Zähnen um zu demonstrieren, wozu sie fähig sind, falls man ihnen die Subventionen streicht.

Sport

Da die Anfahrtswege zum staatlichen »Alko«-Shop in den ländlichen Gegenden Finnlands (also so gut wie überall) ziemlich weit und beschwerlich sind, entwickelten sich die Finnen in ein paar Disziplinen zu absoluten Spitzensportlern. Um pünktlich zum »Alko« zu gelangen, muss man zuweilen mit 190 km/h unübersichtliche Kurven packen oder mit Skiern 100 Kilometer laufen oder eine Schanze runterspringen oder über einen zugefrorenen See rutschen. Schade, dass in Finnland keine hohen Hecken wachsen, sonst läge der Hochsprungweltrekord längst bei 3,10 Metern.

Küche

Die finnische Küche ist äußerst abwechslungsreich, weil jedes Gericht mit einem Liter Wodka serviert wird und man am nächsten Tag längst vergessen hat, was man gegessen hat. Deshalb merkt auch kein Finne, dass er jeden Tag nur Kartoffeln isst. Die Kartoffeln müssen in Finnland übrigens vor der Zubereitung in Tresoren aufbewahrt werden, andernfalls würde sie sofort jemand zu Wodka destillieren.
Sehr schmackhaft sollen auch Rentierhoden sein. Aber da wir den Genuss dieser finnischen Spezialität aus ethischen Gründen für nicht tolerierbar halten, wollten wir das nicht überprüfen – wir lehnen das Quälen von Autoren strikt ab.

Sauna

Weil die Finnen wissen wollen, wie es gewesen wäre, wenn sie damals vor 3000 Jahren anstatt nach Finnland nach Griechenland gewandert wären, sperren sie sich mindestens einmal pro Tag in eine heiße Kammer. Danach peitschen sie sich aus verständlichen Gründen mit Tannenreisig aus.

Kultur

Die größte Leistung der Finnen besteht darin, dass sie uns mit ihrer Architektur weitgehend verschont haben, indem sie so gut wie alles aus Holz gebaut haben, was den regelmäßigen Stadtbränden reinigenden Charakter verlieh. Nennenswert sind lediglich das Opernhaus von Helsinki, das aussieht wie ein Bahnhof, und der Bahnhof, der aussieht wie ein Opernhaus.
Aki Kaurismäki erfand den Stummfilm mit Tonspur und die Zeitlupe ohne Zeitlupe.
Unbedingt empfehlenswert sind Lesungen finnischer Lyrik in Originalversion. Bei derartigen Veranstaltungen wird mit Wodka nicht gespart.
Die einzige kulturelle Leistung der Finnen, die das Ausland erreicht hat, ist Nokia, was auf den ersten Blick erstaunlich ist, denn Nokia stellt Mobiltelefone her und die Finnen sprechen nur in Ausnahmesituationen. Tatsächlich aber hat der unbändige Wunsch, mobil erreichbar zu sein, historische Wurzeln. Wenn die Finnen damals, als sie als finno-ugrischer Stamm quer durch Europa gewandert sind, ein Mobiltelefon gehabt hätten, hätte man sie rechtzeitig warnen und per finno-ugrischer SMS Richtung Süden umdirigieren können.

DIE FRANZOSEN

Aussehen und Vorkommen

Die Franzosen sehen aus, als würde der Mensch von Karl Lagerfeld abstammen. Ganz egal, wie scheußlich ihre Körper geraten sind, sie hüllen ihn in ein bisschen Behübschungs-Edelschrott von Paco Rabanne oder in ein Stückchen garstig-hippen Mull von Jean-Paul Gaultier. Sie sehen damit zwar ebenso scheußlich aus wie zuvor. Aber der finanzielle Aufwand von 30000 Franc pro Outfit (falls der Mull im Ausverkauf war) verleiht ihnen die nötige Arroganz, die einen Menschen erst zum Franzosen macht.

Ziel der männlichen Franzosen ist es, auszusehen wie ein Heiratsschwindler – und nicht nur so auszusehen. Wer gesellschaftlich akzeptiert werden will, muss mit seinen Körperflüssigkeiten um sich schleudern wie eine inkontinente Qualle. Ein französischer Politiker, der keine Mätresse hat, steht unter dem Verdacht, ein amerikanischer Spion zu sein. Er muss vor einem Ausschuss klarstellen, weshalb er nicht wenigstens auf das blaue Kleid seiner Praktikantin ejakuliert hat. Einziger Ausweg: Er bekennt sich zur Homosexualität.

Französinnen wiederum erkennt man daran, dass sie ein »nessessär«, ein kleines Gepäckstück für kosmetische Bedarfsgüter, mit sich herumtragen. Je nach Gelegenheit variiert dessen Größe. Für einen zweistündigen Ausflug ins Grüne etwa genügt ein Schrankkoffer von Chanel.

Franzosen halten sich ausnahmslos in Frankreich auf, denn überall, wo sich ein Franzose aufhält, ist Frankreich. Sollte die Außenwelt den hohen Anforderungen nicht entsprechen – und davon kann man ausgehen –, hüllt sie der Franzose eben in einen Schal von Hermès.

Geografie

Aus französischer Sicht bildet Frankreich ein schickes Sechseck in der Mitte des Universums. Der einzige Haken in ihrem Weltbild ist, dass das Mittelmeer etwas zu wenig breit ist, was es den Marokkanern und Algeriern erlaubt, herüberzuschwappen, dass die zweitklassig-frankophonen Belgier zu laut sprechen (und dabei nicht einmal ordentlich zählen können) und dass Südengland, das Land der Barbaren, an klaren Tagen von der Normandie aus aufdringlich sichtbar wird.

Was die Franzosen nicht gern hören, sind die Tatsachen, dass ihre Côte d'Azur ein mickrig schmales Stück Sand ist, dass die Bretagne und die Normandie ein einziges Regenloch bilden, dass das Pariser Becken nur um drei Quadratmeter größer ist als der Verkehrsstau, der darin wohnt, dass die Alpen auf der Schweizer Seite schöner sind, genauso wie die Pyrenäen auf der spanischen. Außerdem gibt es in Südfrankreich eine Gemeinde namens Condom.

Neben dem Sechseck gehören den Franzosen auch noch ein paar unmodische Überseeterritorien, die sich bestenfalls für Atomtests eignen.

Geschichte

Die französische Geschichte ist eine Abfolge großartiger Ideen, die ausnahmslos in Desastern endeten. Napoleon hatte die Idee, sich selbst zu krönen und die ganze Welt zu erobern, kriegte dann aber nur zwei Last-Minute-Pauschalreisen nach Elba und St. Helena. Die Betreiber der Französischen Revolution hatten die Idee, sich mit allen Bürgern ganz besonders gut zu verstehen, und erfanden zu diesem Zweck die Septembermorde, die Schreckensherrschaft und das Terrorgesetz.

Dass die Franzosen zum Gelingen der Weltgeschichte wenig beitragen würden, konnte man schon zu Beginn erahnen, als die Karolinger das Frankenreich verwalteten. Die ersten beiden Könige hießen Karl der Kahle und Ludwig der Stammler, darauf folgten Karlmann und Karl der Dicke. Spätestens zu dem Zeitpunkt hätten die Franken ihre Geschichte abbrechen und die Habsburger um rasche Invasion bitten müssen. Aber stattdessen nummerierten sie noch jahrhundertelang Leute mit dem Vornamen Ludwig, präzise waren es 16. Den Sechzehnten richteten sie dann hin. Es ging aber bloß einer verloren und bei Nummer 18 stiegen die Ludwigs wieder ein. Die meisten Ludwigs hinterließen nicht mehr als Stühle, die nach ihnen benannt werden.

Im Laufe der Jahrhunderte entwickelten die Franzosen einen Sinn für stimmungsvolle Inszenierungen. 1572 etwa feierten Katholiken und Protestanten einen gemeinsamen Gottesdienst in der Bartholomäusnacht. Beim Highlight der Veranstaltung, der Wandlung, verwandelten sie 20 000 Leute in ökumenische Leichen.

Letztlich ging in Frankreich aber immer alles schief. Deshalb verbrauchten die Franzosen auch schon fünf Republiken und diskutieren alle zwei Wochen, ob eine sechste nicht doch besser wäre. Die letzten beiden stammen übrigens vom selben General.

So richtig gelungen waren in der französischen Geschichte eigentlich nur die Massenguillotinierungen der eigenen Bürger. In Wahrheit war Frankreich nicht einmal eine der Siegermächte des Zweiten Weltkriegs. Denn ohne die Amerikaner würden die paar Mitglieder der Résistance noch heute in London eine Amateurradiostation betreiben.

Sprache

Franzosen sprechen nicht nur Französisch, sie verlangen auch vom Rest der Welt, Französisch zu lernen. Dieses Konzept trägt den Namen »Francophonie« und in der Regierung sitzt allen Ernstes ein Minister, der dafür zuständig ist. Er soll das Französische hinaus in die Welt tragen. In Wahrheit aber hat er jeden Morgen gute Lust, amerikanische Touristen auf den Champs-Élysées anzuspucken. Denn das Englische verbreitet sich wie ein Lauffeuer, während das Gequake, das die Franzosen mit so absurden Formen wie dem »Subjunktiv der Vergangenheit« beschreiben, sich einfach nicht durchsetzen will. Zumindest die eigenen Bürger werden von der französischen Regierung mit Brüderlichkeit nicht unter zehn Jahren Bastille bedroht, sollten sie es wagen, »Tiebreak« zu sagen. Die korrekte französische Übersetzung dafür ist nur drei Mitgliedern der Académie française bekannt – deswegen geben französische Tennisspieler immer auf, bevor sie ins Tiebreak vorstoßen.

Erfindungen

Die Franzosen verstehen es, Kreativität und Hochtechnologie auf wunderbare Weise zu luxuriösem Nonsens zu verschmelzen. Während die Amerikaner das Internet entwickelten, perfektionierten die Franzosen das »Minitel«, eine Art Schmalspur-Computer, der zwar schwarzweiß, langsam, nicht portabel und nicht viel interaktiver als eine Nähmaschine ist, aber locker die Telefonrechnung potenziert. Philippe Starck erfand die Zitronenpresse, bei der der Saft samt Kernen auf den Tisch träufelt. Und dann war da noch Charles de Gaulle, der den Gaullismus erfand. Er verstarb, bevor er erklären konnte, was damit gemeint ist.

Sport

Die meisten Sportarten, die die Franzosen betreiben, sind ziemlich eigenartige Konstruktionen: Der Nationalsport Petanque ist ein Spiel, bei dem man Metallkugeln durch die Gegend rollt, während man große Mengen Nikotin filterlos inhaliert. Sehr beliebt ist auch die Tour de France, eine live im TV übertragene Drogenrazzia. Mittlerweile wollen mehr junge Franzosen Drogenfahnder werden als Radrennfahrer, weil die Kommissare bei der Tour erfolgreicher sind als die eigenen Sportler. Die einzige international anerkannte Sportart, die die Franzosen beherrschen, ist Fußball. Das verschweigen die Franzosen aber oft, weil sie sich so furchtbar schämen, dass ihnen für »football« noch kein französisches Wort eingefallen ist.

Chauvinismus

Das einzige politische Konzept, das den Franzosen eingefallen ist und das sich noch nicht als obsolet erwiesen hat, ist der Chauvinismus. Es besagt, kurz zusammengefasst, dass die Amerikaner unzivilisierte Schwachköpfe sind, die Briten verlogene BSE-Schleudern und die Deutschen rabiate Proleten.

Literatur

Der größte französische Autor aller Zeiten ist Victor Hugo, dessen Romane auf dem Gebiet der Unwahrscheinlichkeit die erste Weiterentwicklung seit Homer darstellen. Pro halber Seite ereignen sich in

»Les Misérables« im Schnitt drei zufällige Begegnungen. Emile Zola erfand den Sozialporno und beschrieb das Leben armer Leute so detailreich, dass die Lektüre länger dauert als deren Leben und noch viel trauriger ist. Im 20. Jahrhundert entwickelten die Franzosen den »Nouveau Roman«, eine Art Roman ohne Handlung, ohne Anfang und Ende, ohne Figuren und ohne jeden Grund, das Buch zu lesen.

Musik

Französische Opern behandeln ausschließlich die Themen Freiheitskampf und Geschlechtsverkehr, wobei der Freiheitskampf meist eine Parabel für Geschlechtsverkehr ist.
Die einzige genuin französische Musikrichtung ist das Chanson, das nur von Sängern interpretiert werden kann, die am Klavier lehnen, weil sie schon sehr alt sind, und deren Stimmen ein bisschen krächzen, weshalb sie es nie ins Opernfach geschafft haben, wo sie wenigstens Geschlechtsverkehr spielen dürften.

Pornografie

Franzosen können zwischen Pornografie und Literatur, zwischen Werbung und Pornografie, zwischen Tanzen und Pornografie, zwischen Stillleben und Pornografie, zwischen Pornografie und Naturaufnahmen und zwischen Taubenfüttern und Pornografie nicht unterscheiden. Ganz egal, womit sie gerade beschäftigt sind, ihr erster Gedanke ist immer Sex und der zweite Hardcore. Wenn eine französische Werbeagentur einen Spot für ein Jogurt entwirft, denkt der Kreativdirektor bei Becher und Löffel an Vulva und Penis.
Die einzige Theaterform, die in Frankreich entwickelt wurde, ist das »Cabaret« – eine Vorführung, bei der nackte Frauen mit ihren Geschlechtsmerkmalen wippen.

Küche

Die ganze Welt blickt voller Staunen auf die französische Küche. Niemand sonst nagt an Froschschenkeln, es sei denn, man wirft sie über der Sahelzone ab.

Der Status eines Kochs liegt in Frankreich zwischen dem des Präsidenten und dem eines Pornostars. Also knapp über dem Präsidenten und knapp unter dem Pornostar. Unverwechselbare Kreationen der französischen Küche sind unter anderem: 300 schwach giftige Käsesorten, die zum Teil aussehen, als wären sie schon mehrmals gegessen worden; das »Baguette«, ein Brot, das auf dem Weg von der Bäckerei bis zur Bushaltestelle hart wird und das dank seiner Form ausschließlich in Skisäcken aufbewahrt werden kann; die »Crêpe«, eine portable Palatschinke, mit der man sich beim Gehen mit Schokolade voll schmieren kann; und die Gänseleberpastete, ein Endprodukt deliziösester Tierquälerei.

Film

Die französischen Filmemacher blicken voller Verachtung auf Hollywood, denn dort hantiert man immer noch mit Action und nachvollziehbaren Geschichten. Französische Filme laufen hingegen ab wie das Leben selbst: irgendwelche Leute verlieben sich ineinander und die meiste Zeit schläft man sowieso. Einen französischen Film erkennt man übrigens mühelos, denn der Hauptdarsteller ist immer Gerard Depardieu. Depardieu spielte übrigens auch den Braunbär in »Der Bär« und die Hauptrolle in »Und ewig lockt das Weib«. Nur in den Nacktszenen ließ er sich von Brigitte Bardot doubeln.

Philosophie

Das Abendland verdankt den französischen Denkern mehrere philosophische Richtungen ohne jeglichen Erkenntnisgewinn. Jean-Jacques Rousseau wollte im Wesentlichen nur anmerken, dass ein Spaziergang quer durchs Gebüsch schöner ist als ein Autounfall, Jean-Paul Sartre gab bekannt, dass es eigentlich ganz in Ordnung ist, wenn man existiert, und Jean-François Lyotard stellte fest, dass die Moderne schon Ladenschluss hatte, als er zum Philosophieren an die Reihe kam.

DIE GRIECHEN

Aussehen und Vorkommen

Griechen werden in alte und neue Griechen unterteilt. Die alten stehen grundsätzlich nackt auf Sockeln, sehen entschlossen drein und halten eine runde Steinplatte in einer Hand, die sie jeden Moment losschleudern könnten. Neue Griechen hingegen sehen im Wesentlichen aus wie Türken, aber wenn man ihnen das sagt, packen sie die nächstbeste Steinplatte und schleudern sie einem um die Ohren.

Die alten Griechen lebten im alten Griechenland und kein Mensch weiß, wie viele es von ihnen gab, denn die meisten waren dem Vernehmen nach Götter, Halbgötter oder sonst wie mythologisch teilabwesend. Die neuen Griechen hausen in Griechenland, das sich vom alten Griechenland lediglich dadurch unterscheidet, dass die einstige Hochkultur durch Sirtaki-Einlagen für die Touristen ersetzt wurde.

Bewohnt wird Griechenland von illegalen albanischen Einwanderern, durchgeknallten, haschverseuchten deutschen Aussteigern und alten, unrasierten Fischern, die zeit ihres Lebens die Hafentaverne nie verlassen haben. Die Mehrheit der in Griechenland geborenen Bevölkerung hingegen jobbt als Lkw-Fahrer und verstopft den Brenner.

Geografie

Griechenland liegt am Balkan und hat sich somit die ungünstigste aller europäischen Halbinseln ausgesucht. Zudem liegt es nahe genug an der Türkei, um sich seit Jahrtausenden jede Menge Ärger einzuhandeln. Auffallend auch, dass ein erklecklicher Teil des Staatsgebietes auf Inseln verteilt ist, was an sich romantisch wirkt, in Kombination mit chronisch unpünktlichen Fähren jedoch ganze Landstriche unbewohnbar macht.

Die höchste Erhebung des Landes ist der Olymp, was die Griechen zu dem Hirngespinst veranlasste, dass da oben die Götter wohnen würden. Dabei ist der Olymp mickrige 2917 Meter hoch und damit um fast einen Kilometer niedriger als der Großglockner. Sollten also Zeus und diese Leute tatsächlich existieren, ist wohl sonnenklar, wo sie zu finden wären: am oberen Ende der Glockner-Hochalpenstraße. Zum Zauber der griechischen Umwelt gehört der Wechsel zwischen Erdbeben, Wasserknappheit und Waldbränden. Dazu kommt weiters die einzige Errungenschaft, die den neuen Griechen zu verdanken ist: die völlige Verdreckung der Luft, des Wassers und des Bodens. Ein Atemzug in Athen enthält umgerechnet zwölf Packungen Marlboro.

Geschichte

Die Wiege der europäischen Zivilisation stand in Griechenland. Mit anderen Worten: Damals befand sich unsere Kultur auf dem Niveau einer Person, die nicht klar denken kann und in die Hose kackt. Dementsprechend peinlich sind die Resultate, die aus dieser Zeit stammen: Das, was unter dem Titel »Philosophie« überliefert ist, erwies sich als Quatsch. Leeres Geschwafel von Schatten an Höhlenwänden und so genannten naturwissenschaftlichen Erkenntnissen. Aristoteles etwa, der angebliche Vater der westlichen Kultur, hatte im Laufe seiner Karriere so viele Erkenntnisse wie andere Leute Schuppen. Er wusste von allem etwas: Physik, Chemie, Zoologie, Botanik, Psychologie, Politik, Logik, Metaphysik … So gut wie jede seiner Erkenntnisse hat sich inzwischen als falsch herausgestellt. Die vornehme Umschreibung irriger Ansichten lautet seither »klassisch«. Die einzigen Erkenntnisse, die bisher nicht widerlegt wurden, beziehen sich darauf, wie viele Teile die Seele hat, wofür diese zuständig sind und ähnlicher Voodoo.
Plato war noch schlimmer. Er faselte wirres Zeug über eine Höhle, in der alles besser sei als draußen, und macht nebenbei auf Dr. Sommer mit der Behauptung, eine Beziehung sei ohne Rammeln besser als mit. Um von ihrer schauderhaften Unzulänglichkeit in wissenschaftlichen Belangen abzulenken, verlegten sich die alten Griechen auf das Erzählen von Märchen, so genannten Mythen. Da sich damit jeder Unsinn vertuschen ließ, wandten die Griechen diesen Trick auch in der Geschichtsschreibung an, sodass man den angeblichen Siegesmeldungen nicht trauen darf – ähnlich wie später den Berichten der »Prawda«. Allein schon der Report von der Eroberung Trojas mittels eines Holzpferdes zeigt, für wie bescheuert die Griechen die Leute hielten. Tatsache ist vielmehr, dass das größte Reich, das die Griechen

je hatten, Alexander dem Großen zu verdanken war, und der stammte aus Mazedonien.

Die Griechen erfanden immer mehr mythologischen Stumpfsinn und stopften damit den Kindern die Ohren voll. Mit dem Ergebnis, dass sie von den Römern versohlt wurden. Die lehrten die ordentliche Kriegsführung und entwickelten an Stelle von Holzpferden effiziente Waffen. Griechen zu vermöbeln blieb fortan ein beliebtes Hobby aller Völker, die in die Gegend kamen. Nach den Römern wurden die Griechen von den Byzantinern beherrscht, danach von den Venezianern, später von den Osmanen. Sogar als Griechenland 1830 unabhängig wurde, ließ man sicherheitshalber einen Bayern namens Otto als Monarchen anreisen.

Die weitere Geschichte Griechenlands ist eine unerfreuliche Abfolge von Untaten, Putschen, Gegenputschen, Militärdiktaturen, Niederlagen und Unterwerfungen, bis die Griechen schließlich ihr Geschick selbst in die Hand nehmen konnten. Mit dem Erfolg, dass sie 1997 kein einziges der Maastricht-Kriterien erfüllten.

Sprache

Eine der größten Errungenschaften der alten Griechen war ihre Sprache, deren hervorstechendstes Merkmal eine so wundersame Komplexität war, dass sich die gesamte Weltbevölkerung weigerte, sie zu sprechen. Infolgedessen ist sie mausetot. Der letzte Altgrieche lief noch verzweifelt herum und schnatterte irgendwas von »homöopathisch«, »lesbisch« und »onomatopoetisch«, aber alle ließen ihn abblitzen. Die paar brauchbaren Wörter behielten wir als Fremdwörter und das ganze unverständliche Gewusel an irregulären Verben und Zeitformen von zeitloser Obsoletheit – wo zwischen Vergangenheit, Gegenwart und Zukunft sollte denn, bitte schön, »Aorist« liegen?! – wurde entsorgt. Es dient nur noch zur Disziplinierung blöder Adoleszenten und als Hobby für schrullige, ältere Herren, die ansonsten wahrscheinlich im Park Kindern auflauern würden.

Das Neugriechische verhält sich zum Altgriechischen in etwa so wie das Hotel »Laguna Beach« zum Palast von Knossos. Es bedient sich immer noch vorsintflutlicher Zeichen, die auf keiner Computertastatur zu finden sind, und tut so, als sei »omega« der letzte Buchstabe des Alphabets. Kümmerlich.

Homer und Konsorten

Die alten Griechen gelten als Wegbereiter der europäischen Literatur, was insofern stimmt, als sie den Prototyp des viel zu langen Epos schufen, dessen Plot total unwahrscheinlich ist und dessen Reime sich nicht reimen.

Das längste und unwahrscheinlichste von allen, die »Odyssee«, stammt wahrscheinlich von Homer. Sicher ist lediglich, dass der Autor keinen Lektor hatte. Die nicht besonders originelle Geschichte dreht sich um einen Ehemann, der auf Dienstreise ist und inzwischen von seiner Ehefrau mehr oder weniger betrogen wird.

Die alten Griechen gingen auch gern ins Theater, obwohl die Stücke damals allesamt eher simpel gestrickt waren. Zwei Leute standen auf der Bühne und litten unter irgendetwas, und wenn der Autor nicht wusste, wie er die Story vorantreiben sollte, ließ er einen Chor vorsingen, wie es weiterging.

Sophokles führte einen dritten Schauspieler ein und erweiterte den Chor von 12 auf 15 Choristen, was nun wirklich keine spektakulären Neuerungen sind, aber die Kritiker der Antike waren offenbar leicht zu beeindrucken. »Klassisch« bedeutet im Zusammenhang mit griechischer Literatur so viel wie »fad, uninteressant«.

Musik

Die griechische Musik bedient sich vorwiegend diverser Saiteninstrumente, die zu hoch gestimmt sind und aussehen wie kaputte Gitarren. Was von der griechischen Hochkultur geblieben ist, kann man sich vor Augen führen, wenn man ein Konzert von Nana Mouskouri besucht.

Küche

Es ist in Griechenland vollkommen egal, welches Gericht man bestellt, man bekommt in jedem Fall einen Teller voll Öl serviert. Darin schwimmen diverse Zutaten, die man auf ihren Nährwert hin untersuchen kann, insgesamt nimmt man aber so oder so 98 Prozent Cholesterin zu sich. Offenbar haben die Griechen nicht kapiert, dass zu einer Fritteuse auch ein Abtropfsieb gehört.

Da Wasser in Griechenland meist knapp ist, wird es ausschließlich in Kombination mit Ouzo getrunken, einem beliebten Anisgetränk, dessen Alkoholgehalt ausreicht, um Leber, Nieren, Gehirn, Verdauungssystem und drei bis vier Sinne nachhaltig lahm zu legen.

Die Fleischspeisen der Griechen tragen meist mystisch klingende Namen wie »Souvlaki«, die verbergen sollen, dass es sich fast immer um ein Schaf handelt.

Der so genannte griechische Kaffee ist in Wahrheit türkischer Kaffee.

Olympia

Die Griechen haben eine Veranstaltung erfunden, die so langweilig ist, dass man sie nicht öfter als alle vier Jahre veranstalten kann. Sie nennt sich »Olympische Spiele« und wichtiger ist die Verschnaufpause dazwischen, die »Olympiade«. Ursprünglich ging es darum, dass nackte Männer in der brütenden Hitze des heiligen Hains von Olympia gegeneinander in mehreren Disziplinen antreten mussten. Sieger war, wer am schnellsten laufen, am weitesten werfen oder sonst was am besten konnte. Frauen waren nicht zugelassen, wodurch das Publikum wenigstens von rhythmischer Sportgymnastik verschont blieb. Heute spielt sich das Ganze nicht mehr in einem heiligen Hain ab, sondern in dem Land, dessen Olympisches Komitee die höchsten Bestechungsgelder zahlt, und Sieger ist, wer am ausdauerndsten Medikamente zu sich nimmt, ohne sie beim Pipi abzusondern. Außerdem dürfen Frauen inzwischen mitmachen, und rhythmische Sportgymnastik ist noch nicht einmal die lähmendste Disziplin.

Sport

Die eklatante Einfallslosigkeit der Griechen in Bezug auf Trendsportarten schreit zum Olymp. Als ihnen außer Werfen, Springen und Laufen nichts mehr einfiel, erfanden sie einfach verschiedene Laufdistanzen und nach dem x-ten So-und-so-viel-Meter-Lauf schließlich den Marathon – einen Lauf über eine Distanz, die nicht nur viel zu lang ist, sondern auch noch Stellen hinterm Komma hat.

Demokratie

Aus unerfindlichen Gründen rühmen sich die Griechen damit, die Demokratie erfunden zu haben, was ganz schön dreist ist, wenn man bedenkt, dass Griechenland bis 1974 eine Militärdiktatur war.

Sirtaki

Die Griechen tanzen gern und ausdauernd, allerdings haben sie dabei einiges nicht kapiert. Der griechische Tanz heißt Sirtaki und läuft so ab, dass Männer und Frauen nebeneinander zu einem viel zu schnell gespielten Lied hin und her hüpfen und dabei möglichst oft ihre eigenen Beine überkreuzen. Das hat zur Folge, dass man seine ganze Konzentration darauf verwenden muss, nicht mit verknoteten Beinen auf den Boden zu knallen. Zu irgendeiner Form sozialen Austausches kommt es dabei, abgesehen von gelegentlichem gegenseitigem Beinstellen, nicht. Schon gar nicht kann man dabei Kontakte mit potenziellen Sexualpartnern knüpfen, was das ganze Untenehmen völlig überflüssig macht.

Orakel

Wie lachhaft das Getue um die griechische Mythologie ist, zeigt sich am so genannten Orakel. Die Griechen tun so, als handle es sich dabei um etwas höchst Mystisches, obwohl es in Wahrheit nichts anderes ist als der Vorläufer einer Videorekorder-Gebrauchsanleitung.

Religion

Der Katholizismus war den Griechen nicht seltsam genug. Sie entwickelten die griechisch-orthodoxe Kirche, die seither mit dem Vatikan darum wetteifert, wer die absurderen Kopfbedeckungen trägt.

DIE IREN

Aussehen und Vorkommen

Die Iren stammen von den Kelten ab und sind deshalb unverträgliche, blasshäutige, rothaarige Leute, die entweder singen und Bomben legen, tanzen und Bomben legen, saufen und Bomben legen oder sich von Briten massakrieren lassen und daraufhin ein paar Bomben legen. Andere Hobbys haben sie nicht. Es gibt viel zu viele Iren, was man auf den ersten Blick nicht bemerkt, weil sich die meisten nicht in Irland aufhalten. Der Großteil des irischen Volkes lebt im Ausland, und zwar betreiben sie dort Pubs, in denen sie überteuertes Bier und ungenießbare Eintopfgerichte verkaufen; in New York stellen sie zirka 95 Prozent der Polizei, in London legen sie Bomben. Die Auslandsiren, die weder als Polizisten noch als Bombenleger jobben, sitzen das ganze Jahr herum, besaufen sich und organisieren einmal pro Jahr eine St.-Patrick's-Parade, die daran erinnern soll, dass sie katholisch sind und a) sich deshalb vermehren sollen wie die Karnickel und b) schnell noch ein paar Bomben legen müssen.

Geografie

Irland existiert durch ein Versehen der nacheiszeitlichen Periode. Eigentlich war geplant gewesen, den Meeresspiegel so weit anzuheben, dass die Insel gänzlich überflutet wird. Wer für das Missgeschick verantwortlich ist, kann mittlerweile nur mehr schwer eruiert werden, aber sollte er sich je erwischen lassen, kann er was erleben. Das wesentliche geografische Manko Irlands besteht darin, dass die Insel zu nahe an Großbritannien dran ist. Der in der Gebrauchsanleitung vorgeschriebene Mindestabstand zu jeglicher britischen Lebensform wurde leichtsinnig unterschritten. Darauf hatte Oliver Cromwell nur gewartet.

Geschichte

Die irische Geschichte begann ein paar Jahrhunderte zu früh, denn damals war der Plastiksprengstoff noch nicht erfunden und so wussten die Iren lange Zeit nicht recht, womit sie sich die Zeit vertreiben sollten. Zunächst schlenderte der heilige Patrick des Weges und sorgte dafür, dass die Iren Christen wurden und alle männlichen Iren Patrick hießen, was später der IRA zugute kam: Wenn alle denselben Vornamen tragen, muss sich der britische Geheimdienst ja die Zähne ausbeißen. Irland bildete den Ausgangspunkt der Christianisierung Europas und schon daran lässt sich ermessen, was wir uns erspart hätten, wenn wir die irische Insel früh genug versenkt hätten. Die Engländer taten ihr Bestes, um das irische Übel loszuwerden, und schickten haufenweise Protestanten in der Hoffnung, deren dämliche Paraden in orangen Kostümen würden die Bevölkerung in den Wahnsinn treiben. Zusätzlich reiste Oliver Cromwell persönlich an, massakrierte und enteignete und gab den Iren einen Vorgeschmack auf die nächsten 400 Jahre. Die sturen Iren konnten nichts tun, außer »Wartet nur, bis ihr in den Londoner Docklands ein paar Hochhäuser gebaut habt!« zu schreien. Die Drohung griff aber nicht so recht.
Im 19. Jahrhundert wäre den Iren ihre kulinarische Einfallslosigkeit beinahe zum Verhängnis geworden. Weil sie nämlich hauptsächlich Kartoffeln essen und deren Ernte durch Pilzbefall zerstört wurde, hungerten sie, anstatt Sushi oder irgendetwas anderes zu essen. Irland wurde zum Äthiopien Europas, bloß dass die Äthiopier keinen Bob Geldof schickten. Das halbe irische Volk verhungerte und die andere Hälfte reiste nach Amerika, um sich das Rezept für Pizza zu besorgen und nachzufragen, wie weit die Semtex-Forschung gediehen war.
Später dann durfte Irland unabhängig werden, allerdings mit Ausnahme eines Stückchens im Norden, denn Iren wie Briten konnten auf Massaker und Anschläge nicht völlig verzichten.

Sprache

Die Iren sprechen Englisch, behaupten aber, Gälisch zu sprechen, um mit unleserlichen Hinweisschildern die Touristen in die Irre schicken zu können. Vermutlich versteht überhaupt kein Ire mehr Gälisch, aber allein mit der Androhung kann man damit immer noch sehr gut

Angelsachsen provozieren, EU-Subventionen für angebliche gälische TV-Sender schnorren und das Geld dann versaufen.

Irischer Tanz

Der Mensch verfügt über vier Gliedmaßen, nämlich über zwei Arme und zwei Beine. Dieser simple biologische Sachverhalt gilt im Falle tanzender Iren nicht. Tanzende Iren haben keine Arme. Zumindest sieht es so aus. Sie springen wild durch die Gegend und halten dabei die Arme an den Oberkörper angelegt, als wären sie zuvor gefesselt worden. Das bemitleidenswerte Schauspiel heißt »Riverdance« und sieht aus wie ein Volleyball-Match zwischen mehreren Raupen.

James Joyce

Das größte literarische Werk eines Iren, »Ulysses« von James Joyce, wurde ursprünglich in Großbritannien und in den USA verboten, weil es als obszön galt. Das war eine krasse Fehlentscheidung. Man hätte den Roman verbieten sollen, weil er zu anstrengend ist.

Nordirland

Die Iren haben überhaupt keine Skrupel. Sie haben den Briten den Norden ihrer Insel überlassen, wollen sich aber nicht mehr daran erinnern, legen jahrelang Bomben und lassen sich anschließend den Friedensnobelpreis dafür verleihen, dass sie endlich Ruhe geben.

Musik

Ähnlich wie der irische Tanz ohne Hände auskommt, schlägt sich die irische Musik ohne Melodie durch. An ihrer Stelle hat die irische Musik eine Art basisdemokratische Panik eingeführt, sodass alle Noten gleich oft, aber in völlig unvorhersehbarer Abfolge vorkommen. Das Ergebnis ist nur in Kombination mit großen Mengen Alkohol auszuhalten, was auch erklärt, warum irische Musik vor allem in Pubs gespielt wird.

DIE ISLÄNDER

Aussehen und Vorkommen

Isländer sehen aus wie Pinguine. Dick vermummt, Wasser abweisend und wie man sie auch dreht und wendet: Man kann nicht feststellen, ob man ein Männchen oder ein Weibchen vor sich hat. Die Isländer führen deshalb das Geschlechtsmerkmal im Nachnamen. Die Männchen heißen irgendwas mit »-son« am Ende, die Weibchen enden auf »-dottir«. Verglichen mit großen Brüsten ist das zwar kein besonders attraktives Geschlechtsmerkmal, aber immerhin effizient. In isländischen Pornos geht es ausschließlich um den Akt des Vorstellens.

So gut wie alle 271 000 Isländer leben in Reykjavík, denn sonst hätten sie die Wahl, auf einem Gletscher zu sitzen oder sich von einem Geysir verbrühen zu lassen. Außerdem ist Reykjavík der einzige Ort, dessen Namen man einem Ausländer buchstabieren kann. Einer der Vororte etwa heißt Hafnarfjördhur und dessen Bewohner fahren einmal täglich auf Langlaufskiern nach Reykjavík zu ihrem Postfach, denn in Hafnarfjördhur ist noch nie auch nur eine Postkarte angekommen – »wg. unkorrekter Adressierung zurück an Absender«.

Geografie

Island besteht zu einer Hälfte aus Gletschern und zur anderen aus heißen Quellen. An einem kalten Tag im Dezember hat es am Gletscher minus 32 Grad und beim nahe gelegenen Geysir plus 35. Deshalb freuen sich die Isländer auch so auf den Sommer, denn da heizt es den Gletscher auf gut und gern minus 31 Grad auf und nahe dem Geysir schwankt es so um die 36 Grad.

Angeblich ist Island nach Großbritannien Europas zweitgrößte Insel, aber das hat noch nie jemand nachgeprüft. Island besteht unter anderem auch aus unbesteigbaren Bergen mit ebenso unüberwindbaren Namen: Hvannadalshnúkur oder Öraefajökull. Die Erstbesteigung ohne Logopäden steht noch aus.

Da sich die Isländer alle in Reykjavík drängeln, herrscht dort eine Dichte wie in einem finnischen Alko-Shop drei Minuten vor Ladenschluss. Den Rest der Insel teilen sich drei Papageientaucher.

Angeblich führt die einzige isländische Autobahn einmal rund um die Insel, aber die einzigen Zeugen sind die paar Bauarbeiter, die behaupten, sie gebaut zu haben. Die isländische Regierung versucht verzweifelt, jemanden zu einer Rundfahrt zu bewegen, und hat zu dem Zweck sogar das Tempolimit aufgehoben, aber noch hat sich kein Freiwilliger gemeldet.

Geschichte

Im Grunde gibt es auf Island nur deswegen menschliches Leben, weil sich im 9. Jahrhundert ein paar Norweger in ihren Fjorden in die Haare gerieten und die Gegner von Harald Schönhaar flüchten mussten. Als ob eine Niederlage gegen Harald Schönhaar nicht peinlich genug gewesen wäre, siedelten sie sich ausgerechnet in Island an, wo sie auf ein paar schottische Mönche trafen, die dort seit dem 4. Jahrhundert lebten. Wie es die Mönche fünf Jahrhunderte lang trotz Zölibat und ohne Ureinwohner geschafft haben, nicht auszusterben, bleibt wohl für immer ein Rätsel der isländischen Geschichte. Möglicherweise beherrschten sie die Zellteilung.

Um das Jahr 1000 unternahmen die Isländer Seefahrten und gründeten dabei eine Ferienkolonie auf Grönland. Sie glaubten die Südsee entdeckt zu haben.

Wenn im restlichen Europa Kriege wüteten, erfuhren die Isländer meist erst Jahre später davon und waren gekränkt, dass man wieder einmal auf sie vergessen hatte. Ein paar Mal trugen sie sich mit dem Gedanken, mit ihrer gesamten Kavallerie über Kontinentaleuropa herzufallen, aber die Ponys wurden seekrank.

Politik

Island war das erste Land Europas, das eine Frau als Präsidentin hatte. Von 1980 bis 1995 war eine gewisse Vigdis Finnbogadottir an der bescheidenen Macht. Auf dem Wahlzettel war vermutlich ihr Name abgekürzt.

Küche

Es ist Ihnen vielleicht schon aufgefallen, dass es zwar überall einen Chinesen an der Ecke oder einen Italiener gibt, nirgendwo aber ein isländisches Restaurant. Ein kurzer Blick ins isländische Kochbuch erklärt, warum. Da findet sich etwa das Gericht »Hàkarl« – verfaultes Haifleisch, das mehrere Monate vergraben wird, ehe man es genießt. Sehr beliebt sind auch Widderhoden oder ein in zwei Hälften geschnittener Schafskopf inklusive Augen. Auf Anfrage übermitteln wir Ihnen gerne die Telefonnummer eines isländischen Restaurants mit Zustelldienst.

Sprache

Das Isländische ist die einzige Sprache der Welt, die in Laufmetern gemessen wird. Die Grammatik besagt, dass ein Wort mindestens einen Meter lang sein muss, Präpositionen gelten auch schon ab einem halben Meter. Mehr als ein Textbeispiel geht sich hier leider platzmäßig nicht aus: »Sjávarútvegsraduneytid« ist laut unserer Recherche das isländische Wort für »sehr«.
Aus diesem Grund werden auch fremdsprachige Filme im Kino zwar untertitelt, allerdings dauert das Abspielen der Untertitel meist rund drei bis vier Stunden länger als der Film.

Literatur

In Island gibt es Edda, die Ältere, und Edda, die Jüngere. Dabei handelt es sich nicht um besonders knusprige -dottirs, sondern um die Hauptwerke isländischer Literatur. Während Edda, die Ältere – ein Sammelsurium aus Mythen, Götter- und Heldensagen – ein bisschen verstaubt anmutet, da sie aus dem 9. bis 12. Jahrhundert stammt, liest sich Edda, die Jüngere, schon sehr poppig, sie wurde schließlich auch erst 1241 fertig gestellt. Diese brandaktuelle Edda wurde übrigens – sollten Sie das nicht gewusst haben – von Snorri Sturluson verfasst, der unter dem Pseudonym »Snorre« auch eine Nebenrolle in der TV-Serie »Wicki und die starken Männer« verkörperte.

Der prominenteste neuzeitliche Dichter ist Halldór Laxness, der 1955 sogar mit dem Nobelpreis ausgezeichnet wurde. In seinem Werk befasst er sich, nomen est omen, mit der Trägheit des Isländers. Insgesamt geht es der isländischen Literatur nicht schlecht. Jedes Buch in isländischer Sprache stürmt die Bestsellerlisten, denn dafür genügt ein Verkauf von fünf Exemplaren.

Wirtschaft

Es ist schwer zu sagen, womit sich die Isländer beschäftigen. Im Dezember und Jänner scheint die Sonne durchschnittlich 20 Minuten pro Tag. Das reicht für einmal kurz die Sonnenbrille aufsetzen oder vielleicht für zweieinhalb Games beim Tennis, möglicherweise auch um ein paar Fotos zu schießen, die belegen sollen, dass ein Pony neben einer Schwefelquelle eine Urlaubsreise wert ist. Der Letzte, der sich von den Tourismusbroschüren drankriegen ließ, war Erik der Rote und der segelte angesichts der isländischen Trostlosigkeit rasch Richtung Amerika weiter, wo er sich von den Indianern massakrieren ließ. Das war auch sicher schöner als die Exkursion quer durch die Moränenlandschaft, die er in Island gebucht hatte.

Der erfolgreichste Exportartikel der Isländer ist das Island-Tief, der zweiterfolgreichste eine etwas deprimierendere Version davon namens »Björk«. Bei Letzterer handelt es sich um ein verstörtes Mädchen, das singt wie eine Locksirene für den Walfang und Englisch mit einem derart schlimmen Akzent spricht, dass die Musikkritiker das Gegreine für isländische Kultur halten und Björk aus Mitleid MTV-Awards schenken.

DIE ITALIENER

Aussehen und Vorkommen

Italiener sehen aus wie Ganzjahresbademeister. Braun gebrannt, Oberarme wie Schwimmflügel, Wet-Gel, Sonnenbrille. Wenn sie in Jesolo am Strand Boccia spielen, ist dieser Look noch einigermaßen adäquat, aber sie sehen auch so aus, wenn sie ihre Großmutter bestatten oder sich im Petersdom zum Erzbischof weihen lassen. Verlassen sie das Land, tragen sie ausnahmslos Daunenanoraks und kleine, gestreifte Rucksäcke, auch wenn sie bei 30 Grad im Schatten über den Stephansplatz stapfen. In den gestreiften Rucksäcken haben sie sechs Paar Ersatzsonnenbrillen und einen Kanister Wet-Gel.

Bei den italienischen Frauen muss man generell zwischen zwei ethnischen Gruppen unterscheiden: die einen, die laut schreiend in Rudeln umherlaufen, und die anderen, die im italienischen TV auftreten. Die im TV sind allesamt blond, über 1,80 m groß, allergisch gegen Textilien und singen Play-back. Die anderen sind klein, schwarzhaarig und stehen knapp davor, dicke Mamas zu werden, die den ganzen Tag aus dem Küchenfenster hängen und ihren sieben Kindern nachbrüllen.

Die Italiener kommen abgesehen von Italien auch überall dort vor, wo es Orte gibt, an denen man zu laut sein kann. Wenn 30 Italiener laut schreien, halten sie gerade Andacht. Anschließend brüllen sie wieder. In einigen Teilen der Welt dümpelte die Kriminalitätsrate eine Zeit lang auf enttäuschend niedrigem Niveau herum, was die Italiener veranlasste, sich dort anzusiedeln und das Verbrechen heimisch zu machen. In New York etwa gründeten sie »Little Italy«, eine hübsche, kleine Gemeinde, die davon lebt, dass mit Maschinenpistolen unter dem Sakko kleine Aufmerksamkeiten abgeholt werden.

Geografie

Italien sieht aus wie eine paradiesische Halbinsel, auf der man für

immer bleiben möchte – allerdings nur aus der Perspektive eines Alba-
ners, der vor der italienischen Küste knapp vor dem Kentern ist. Für
alle anderen sieht es aus wie ein Stiefel, dessen nördlicher Teil regne-
risch und überbevölkert und dessen südlicher Teil staubig heiß und
verarmt ist. Einzig an den Stränden ist das Klima erträglich, doch die
sind voller Bademeister, die mit italienischem Charme Frauen anma-
chen, wobei die Grenze zwischen italienischem Charme und dem Tat-
bestand der Vergewaltigung fließend ist.

Geschichte

Die italienische Geschichte begann mit einem rauschenden Sieg über
Hannibals Karthager, wobei die Italiener geflissentlich übersehen, dass
es sich bei den Karthagern bloß um Tunesier handelte, die statt
schwerer Artillerie ein paar tollpatschige Elefanten über die Alpen
schleppten. Der größte Feldherr der Römer war Gaius Julius Caesar,
dessen Vielseitigkeit bis heute legendär geblieben ist. Er konnte
gleichzeitig enervierend langweilige Kriegsromane schreiben, dabei
einen Lorbeerkranz auf dem Kopf balancieren und sich von seinem
Stiefsohn erdolchen lassen, ohne einen lateinischen Grammatik-Feh-
ler zu machen (»Et tu, mi filii«). Außerdem exportierte er die Pizza bis
nach Ägypten. Auf lange Sicht war das ein kurzsichtiger Erfolg, denn
die Ägypter glauben seither, sie seien die besseren Pizzaköche, tarnen sich als Italiener und betreiben ebenfalls überall in der Welt Pizzerias.
Eine Zeit lang betätigten sich die Römer sehr erfolgreich als Sekten-
referenten und entwickelten lustige Spiele, bei denen Sektenführer
und Löwen sich miteinander balgen durften. Eine weitaus gelunge-
nere Disziplin als der spanische Stierkampf übrigens, denn die Löwen
hatten reelle Siegeschancen. Umso unverständlicher war daher die
Kehrtwende unter Konstantin, der den Aberglauben zur Staatsreligion
machte. Später verschenkten die Römer sogar ihre Innenstadt; mit
dem Resultat, dass dort in den vergangenen Jahrzehnten ein Pole
hauste.
Aus nachvollziehbarer Scham ließen die Römer ihr Weltreich zerfal-
len und warteten ein paar Jahrhunderte, bis sie schließlich 1870 unter
dem Decknamen »Italiener« einen neuen Staat gründeten.
Auch im 20. Jahrhundert wurden keine italienischen Heldensagen

geschrieben. Im Ersten Weltkrieg zum Beispiel warteten die Italiener so lange, bis klar wurde, wer gewinnen würde, nur um dann den Verlierern noch schnell den Krieg zu erklären. Als Belohnung bekamen sie dafür die unwirtliche Region Südtirol, ein müder Abklatsch des heiligen Landes Tirol. 1935 griffen die Italiener Äthiopien an, so als ob es dort außer Marathonläufern etwas zu holen gäbe. Äthiopien ist übrigens das einzige Land, wo die Italiener nicht einmal eine Pizzeria hinterlassen haben.

Politik

Seit dem Zweiten Weltkrieg arbeiten die Italiener an der Entwicklung der Rotationsdemokratie. Dabei darf jeder, der sich einen Namen für eine neue Partei ausdenkt, Ministerpräsident werden, allerdings nicht länger als vier Wochen. Dann kommt der Nächste an die Reihe. In den vergangenen 50 Jahren gab es in Italien so viele Ministerpräsidenten, dass die Ministerpräsidentengewerkschaft eine machtvolle Interessenvertretung geworden ist. Streiken kann allerdings immer nur einer, was die Italiener ziemlich wurmt.

Sprache

Mehr als tausend Jahre lang feilten die Italiener an einer Sprache, die so kompliziert ist, dass man pro Stunde maximal einen Absatz übersetzen kann, und auch das nur mit Hilfe eines Schwindelzettels. Die Sprache heißt Latein, hat entschieden zu viele Fälle, ausschließlich irreguläre Verben und Zillionen von Widersinnigkeiten. Der Poet etwa hat im Lateinischen eine weibliche Endung, auch wenn er Caesar heißt und sich während des Dichtens von Kleopatra eine Fellatio machen lässt.

Die wenig überraschende Folge des grammatikalischen Durcheinanders war das Ableben des Lateinischen. Das bekümmerte eigentlich niemanden, es muss nur ziemlich hart für den letzten lateinisch Sprechenden gewesen sein, als der vorletzte starb. Er führte noch eine Zeit lang Selbstgespräche über den gallischen Krieg und verendete qualvoll, weil er am Würstchenstand »canis calidus« bestellte und niemand verstand, was er wollte.

Seit dem Tod des Lateinischen sprechen die Italiener Italienisch, was nichts anderes ist als eine Abart des Vulgärlateinischen, also im Grunde ein ordinärer Abklatsch der erwähnten Leiche.

Musik

Die Welt verdankt den Italienern die Einrichtung des Opernhauses, ein besonders prunkvolles Gebäude im Stadtzentrum, in dem jeden Abend dicke Damen laute Lieder singen, was das Kulturbudget mit ein paar Millionen pro Kilo Sängerin belastet. Die italienische Oper folgt strengen Regeln: Eine Liebesszene erkennt man daran, dass zwei Personen im Abstand von drei Metern gellende Töne von sich geben, eine Todesszene muss mindestens 35 Minuten dauern, wobei die präsumtive Leiche bis zuletzt singt. Dass ein Darsteller zehn Minuten lang beklagt, dass er jemanden vermisst, der dabei die ganze Zeit neben ihm auf der Bühne steht und mitsingt, ist keine Seltenheit.

Wer gewichtsmäßig für die italienische Oper nicht in Frage kommt, wendet sich dem Italo-Pop zu, eine Kunstform, die dazu dient, das Ambiente in Pizzerias so zu gestalten, dass die Gäste nicht länger bleiben als unbedingt notwendig.

Literatur

Das Wesen der italienischen Dichtung ist seit dem alten Rom eine eigenartige Mischung aus Amtskalender und Schmuddellyrik. Der eine Teil der römischen Dichterfürsten wie Sallust oder Cicero schrieb penibel auf, wie die Herrscher tagsüber im Büro oder auf den Schlachtfeldern amtshandelten. Andere wie Ovid in seiner »Ars Amandi« notierten, was das Volk nachts trieb. Da beides in Latein abgefasst ist, liegt der Unterhaltungswert jeweils auf dem Niveau einer fünfstündigen italienischen Oper.

Danach ruhten die Federkiele einige Jahrhunderte. Dermaßen entwöhnt von anständiger Literatur wurde Dante Alighieris elendslanger Italo-Schinken über Gott und die Welt gleich als »göttliche Komödie« verherrlicht. Das Gerücht, dass es sich dabei um ein Stück Weltliteratur handelt, hält sich nur deshalb so hartnäckig, weil es seit dem 14. Jahrhundert kein Mensch mehr gelesen hat. Mit dem »Decamerone« von Boccaccio verhält es sich ähnlich.

Über das 20. Jahrhundert ist bloß zu vermelden: Der wichtigste Lyriker hieß S. Quasimodo, das bekannteste Drama völlig zu Recht »Sechs Personen suchen einen Autor«.

Mafia

Die Italiener behaupten, die Mafia wäre das Grundübel ihres Landes. Stimmt aber überhaupt nicht. Die Mafia schafft Arbeitsplätze: Dutzende Politiker, Polizisten und Richter leben von der Mafia, andere wiederum leben (noch), weil sie gegen die Mafia sind. Reporter und Kameraleute etwa. Und auch die Norditaliener wissen dank der Mafia, wohin ihre Steuergelder fließen. Nach Süden nämlich, dort wo die Mafia sitzt. Und weil es dort die Mafia gibt, haben die Separationstendenzen im Norden auch keine Chance. Die Mafia würde nie die Hand, die sie füttert, abhacken.
Außerdem kurbelt die Mafia die Industrie im Land kräftig an. Italien, das Land mit den meisten Gefängnissen in Europa, ist der drittgrößte Stahlproduzent am Kontinent. Das ist schlüssig.

Fußball

Der italienische Fußball läuft nach demselben Schema ab wie die italienische Oper. Die meiste Zeit passiert absolut nichts, es wird bloß laut geschrieen. Die Spiele enden gewöhnlich 0:0 und dann und wann fällt ein Kicker um und simuliert endlos lange einen Todesfall.

Autos

Die Italiener bauen mit viel Enthusiasmus Autos, die nicht funktionieren. Bei Fiat ist das Problem so offensichtlich, dass die Firmenadresse gleich als Name am Kofferraum steht, um Rückholaktionen zu erleichtern. Ferraris sollen angeblich sehr schnell sein, aber nur, wenn ein Deutscher am Steuer sitzt.

DIE JUGOSLAWEN

Aussehen und Vorkommen

Wer sich dafür interessiert, wie Jugoslawen aussehen, kann jederzeit im Fotoalbum des Tribunals in Den Haag schmökern. Es ist, gelinde gesagt, meist kein schöner Anblick, denn Jugoslawen bevorzugen eine Art Kriegsverbrecherästhetik und sind darin erstaunlich konsequent. Schon allein ihre Frisuren vermitteln den Eindruck, dass ihre Träger jederzeit für ein Massaker gut sind, wenn man bei ihrem Anblick kichert. Jugoslawische Politiker oder Angeklagte (ein Angeklagter ist ein jugoslawischer Politiker, der jugoslawisches Staatsgebiet verlassen hat) tragen gern Sakkos aus Materialien, aus denen üblicherweise Sprühkerzen oder Weihnachtslametta hergestellt werden. Wie viele Jugoslawen es gibt und vor allem wo sie sind, das würden die Ankläger von Den Haag auch gern wissen. Natürlich ziehen auch viele Jugoslawen ins Ausland und man sollte ihnen grundsätzlich unbefangen begegnen; allerdings empfiehlt es sich, eine NATO-Kompanie in unmittelbarer Nähe warten zu lassen. Man weiß ja nie.

Geografie

Dank der jugoslawischen Geografie machen Kartografen seit Jahren Wochenenddienste und Überstunden, denn sie ändert sich laufend. Tendenziell wird Jugoslawien kleiner, auch wenn das nicht notwendigerweise so geplant ist. Der junge Staat hat sich auch den herzigen Spitznamen »Restjugoslawien« erworben. Das ist ungefähr so, als würde man statt Großbritannien »Nichtmehrbesondersgroßbritannien« sagen.
Bei Redaktionsschluss umfasste Restjugoslawien noch Serbien, die Vojvodina, Montenegro und Kosovo, aber wir würden nicht einmal ein Lametta-Sakko darauf verwetten, dass bei Erscheinen dieses Lexikons noch mehr als 50 Prozent der Genannten mit von der Rest-Partie sind.

Jugoslawien liegt seit jeher am Balkan und man weiß ja, was das bedeutet: Dort lungern ausschließlich Staaten herum, die von internationaler Sozialfürsorge leben wollen. Der Balkan dient als Bahnhofswartehalle Europas.

Unsere wunderschöne Donau fließt durch Jugoslawien, und wer NATO-Bomben und eingestürzte Brücken nicht scheut, kann eine Bootspartie bis ans Schwarze Meer machen.

Geschichte

Die jugoslawische Geschichte hat in vorausschauender Weise dafür gesorgt, dass europäische Truppen nicht allzu weite Anfahrtswege haben, wenn sie Krieg führen wollen. Auch für NATO-Flugzeuge ist es praktischer, nach Belgrad zu fliegen als nach Bagdad. Also entwickelte sich Jugoslawien konsequent zum Irak Europas.

Alles begann mit Konflikten zwischen Serben und Osmanen und es fällt einem schwer, in dieser Paarung eine Lieblingsmannschaft zu küren. Später dann hatten Kroaten, Slowenen und Bosnier das Glück, unter die Herrschaft der Habsburger zu fallen, aber sie erwiesen sich als undankbares Pack und wir mussten im Zuge eines Weltkrieges auf sie losgehen.

Beim Zweiten Weltkrieg ließen wir die Jugoslawen auch mitmachen und danach wollten sie unbedingt unabhängig sein, und was hatten sie davon? Eine sozialistische Republik, die sich zwar als Badeurlaubsgegend eignete, aber für die Eingeborenen mittelfristig die Lebensqualität eines Straflagers hatte.

Nachdem sich die Jugoslawen dann eine Zeit lang so danebenbenommen hatten, dass man ihren Staat in Schutt und Asche legte, schickten sie ihren Diktator, Slobodan Milošević, in Pension und gaben bekannt, dass sie ab sofort Demokraten seien. Jedenfalls so lange, bis die Weltbank die Infrastruktur erneuert hat.

Autos

Eine Zeit lang bauten die Jugoslawen Autos, die in puncto Zuverlässigkeit einen ähnlichen Ruf hatten wie Slobodan Milošević. Das Design dürfte von einem arbeitslosen Frisör entworfen worden sein.

Und anstatt etwaige potenzielle Käufer wenigstens durch einen hübschen Namen in die Irre zu führen, verscheuchten die Autohersteller sie, indem sie das Auto »Yugo« nannten.

Sprache

Das Serbische eignet sich besonders gut, um Kriegserklärungen zu formulieren. Es besteht in einer Abfolge aus Zischlauten und Konsonantenfolgen und klingt wie ein Schusswechsel.

Musik

Während der Zeit der Demonstrationen der demokratischen Opposition spielten jugoslawische Rockbands auf öffentlichen Plätzen, womit das Volk zeigen wollte, dass es im Kampf um Bürgerrechte notfalls auch Folter in Kauf nehmen würde.

Kosovo

Das Kosovo ist eine der umstrittensten Gegenden der Erde, was bei näherer Betrachtung nicht ganz verständlich ist, denn dort gibt es kein ordentliches Telefonnetz und keinen Sandstrand. Die Jugoslawen haben es 1999 der UNO geborgt; allerdings mit der Option auf einen Weltkrieg, falls sie sich wieder einmal nach Abwechslung sehnen.

DIE KROATEN

Aussehen und Vorkommen

Wenn Sie mit freiem Auge die Unterschiede zwischen einem Slowenen, einem Slawonen, einem Rest-Jugoslawen oder einem Montenegriner ausmachen können, dann werden Sie auch die Eigenheiten des Kroaten rasch erkennen. Wir können das leider nicht. Wir finden: Die sehen alle aus wie die Leute, die früher einmal dankenswerterweise in einem gemeinsamen Staat wohnten und deshalb die kollektive Bezeichnung »Jugo« tragen durften. Das Einzige, was den männlichen Kroaten möglicherweise vom Montenegriner unterscheidet, ist die Tatsache, dass er sich im hohen Alter gerne die grauen Schläfen schwarz färbt und dann Fußballtrainer wird wie Otto Baric.
Insgesamt leben im Moment noch 4,5 Millionen Kroaten in einer Gegend, wegen der sie sich jahrelang mit ihren Nachbarn geprügelt haben und die sie hartnäckig »Kroatien« nennen. Rückblickend bereuen sie selbst, dass sie sich nicht wenigstens mit den Südsteirern um die Weinstraße gebalgt haben, aber dafür ist es jetzt wohl zu spät.

Geografie

Wenn die Kroaten in den jugoslawischen Kriegen so nett gewesen wären, den Wurmfortsatz Istrien an Slowenien abzutreten, dann hätte ihr Land die Form eines sehr symmetrischen Hufeisens. Sie hielten aber stur an Istrien und Ost-Slawonien fest, was zur Folge hatte, dass Kroatien jetzt aussieht wie ein schiefes Hufeisen, an dem oben ein Stückchen Pferdekacke festgeklebt ist. Mehrere hundert Kilometer weit zieht sich vom kroatischen Kernland aus ein paar Kilometer breiter Küstenstreifen hinunter bis nach Dubrovnik, der den Bosniern den Weg zum Strand versperrt und mit ein bisschen gutem Willen einen ausgesprochen einladenden Kriegsgrund abgeben könnte.

Geschichte

Die kroatische Geschichte war von Beginn an ein eher zweifelhaftes Unternehmen, denn die Leute, die sich da zusammenfanden, waren die Illyrer, deren Hauptcharakteristikum ein Hang zum Aussterben ist, und im 7. Jahrhundert Gastarbeiter aus Polen, womit so etwas wie eine ökonomiepolitische Vorentscheidung zu Gunsten der Murkswirtschaft gefallen war. Als dann auch noch Tartaren und Türken mitmachen wollen, wurde es sogar den Kroaten zu viel und sie wandten sich erst den Habsburgern zu und danach der amtsbekannten Wohngemeinschaft mit Serben und Slowenen. Das Zusammenleben dort orientierte sich weitgehend am Konzept der ethnischen Säuberung.

Die Kroaten planten dabei ein Großkroatien und taten jahrzehntelang so, als hätten sie eine besonders gute Idee, wie man einen Staat führen sollte. Was dabei rauskam, ist bekannt. Allein ein Blick auf das Design ihrer Fahne genügt: Ein an sich akzeptables Ensemble aus einem roten, weißen und blauen Streifen kombinieren die stillosen Kroaten mit einer Art rotweiß kariertem Retro-Tischtuch-Muster.

Sprache

Die Kroaten sprechen Serbokroatisch, aber wenn man ihnen das sagt, brechen sie einen Balkankrieg vom Zaun. Sie behaupten nämlich, Kroatisch zu sprechen, während die Serben Serbisch sprechen; worin der Unterschied zwischen Serbisch und Kroatisch bestehen soll, erklären Ihnen kroatische Linguisten jederzeit anhand eines anschaulichen Massakers.

Kultur

Den Kroaten gelangen in ihrer langen Geschichte zwei Beiträge zum Weltkulturerbe: Es lieferte die Kulisse für die »Winnetou«-Filme, was ziemlicher Anstrengung bedurfte, denn die Kroaten mussten sich verpflichten, für die Dauer des Drehs deutsche Touristenoffensiven und nationalistische Scharmützel von den Locations fern zu halten.

Der zweite Beitrag bestand in der Züchtung weißer Hunde mit schwarzen Tupfen, die Dalmatiner genannt werden und in einem

Rudel von 101 Stück recht unterhaltsam sein können, es sei denn, man hat eine Abneigung gegen große Mengen von Hundekot.

Wirtschaft

Kroatische Bauern bestellen mit großer Sorgfalt Minenfelder, haben aber bislang noch keine geeigneten Absatzmärkte für ihre Bio-Minen gefunden. Sollten sich keine Interessenten finden, werden sie die Minen wohl auf den serbischen Markt werfen.
Immerhin verfügt Kroatien über ein wenig Erdöl und Erdgas, allerdings in einer Menge, die gerade für eine Tankfüllung reicht.
Ansonsten leben die Kroaten vom Tourismus, wobei die dalmatinischen Seebäder im Moment ausschließlich für Diät-Patienten ausgerüstet sind.

Küche

Das Hauptnahrungsmittel in der kroatischen Küche ist Öl. Egal, was Sie auch bestellen, es wird Ihnen in jedem Fall Öl entgegentriefen. Das Nationalgericht »Burek« etwa sieht aus wie Käse in Blätterteig, aber bei Bedarf können Sie den Burek auch in den Öltank Ihres Autos stopfen und alle 3000 Kilometer Burekwechsel machen lassen. Deshalb werden schließlich Bureks an Tankstellen verkauft.

DIE LETTEN

Aussehen und Vorkommen

Letten sehen aus wie Nassrussen, was sich dadurch erklärt, dass jeder dritte Bewohner Lettlands Russe ist und es in Lettland dauernd regnet. Männliche Letten wirken darüber hinaus etwas letal, denn ihre Lebenserwartung liegt bei frühreifen 64 Jahren. Lettinnen leben zehn Jahre länger, allerdings eben auch in Lettland, und somit ist fraglich, ob das nicht eine Diskriminierung der Frauen darstellt.
Wir vermuten, dass alle Letten in Lettland leben, denn erstens haben wir außerhalb noch nie jemanden getroffen, der zugegeben hätte, Lette zu sein, und zweitens: Wozu hätten sie sonst ihr mickriges Land mit Russen aufgefüllt?

Geografie

Lettland ist unschwer zu lokalisieren. Es liegt genau da, wo Sie Litauen vermutet hätten. Im Übrigen ist Lettland von mehreren Schichten Dreck aller Art zugeschüttet, der aus sowjetischer Industrie stammt. Die Sowjets benutzten Lettland nämlich als Herberge für alles, was grob schmutzt oder riecht, und so hat sich einiges an Schweinereien in lettischen Böden, Flüssen und wahrscheinlich auch in den Letten selbst angesammelt. Bei der Namensgebung Lettlands standen ursprünglich noch »Nitratland«, »Kohlenmonoxidland« und »Gefährliche-Güter-Land« zur Auswahl.
Eine Gegend in Lettland wird übrigens die »Livländische Schweiz« genannt, eine andere Kurland, aber beides ist eine Anmaßung. Die Livländische Schweiz ist arm und flach, Kurland ist nicht gesund, sondern bloß langweilig.

Geschichte

Die lettische Geschichte verlief entsprechend der Bedeutungslosigkeit der Letten: Wem es nicht zu blöd war, der unterwarf sie. Typisches Baltenschicksal. Nur Ende des 17. Jahrhunderts erlebte Lettland einen unerklärlichen Aufschwung. Plötzlich besaß es sogar Kolonien in Afrika und Westindien. Aber die Letten importierten damals nicht einmal Sklaven, weil sie befürchteten, von ihnen ausgelacht zu werden, wenn sie ihnen Lettland zeigten. So wurde aus dem Kolonialherrendasein nichts. Hingegen eigneten sich die Letten weitaus besser als Unterdrückte, was auch Stalin nicht verborgen blieb, der in Sibirien eine lettische Zweigstelle errichten ließ. Irgendwann verloren dann alle das Interesse an den Letten, uns inklusive.

Wirtschaft

Lettland verfügt über alle notwendigen Ressourcen zur Produktion von Inflation. Die Währung Lat ist genauso stark, wie sie klingt. Es ist noch nicht einmal geklärt, wie die Mehrzahl von Lat lautet, denn jeder hütet sich davor, sein Geld in Lat zu wechseln.
Immerhin scheint Lettland auf dem Sektor des Frauenhandels relativ große Marktanteile erworben zu haben. Darin hat das Land auch lange Tradition, denn schon 1712 exportierten die Letten ein Bauernmädchen nach Russland, das Peter der Große heiratete und das in weiterer Folge unter dem Pseudonym Katharina I. Karriere machte. Das Prozedere des Frauenhandels inklusive der Decknamen ist bis heute geblieben.

Sprache

Das Lettische soll zwar eine indogermanische Sprache sein, aber ganz bestimmt keine, an die wir zivilisierten Indogermanen gern erinnert werden.

Kultur

Um ihrer Unterentwicklung entsprechenden Ausdruck zu verleihen, beschränkten sich die Letten jahrhundertelang darauf, vierzeilige Gedichte, so genannte »Daina«, zu verfassen. Inzwischen existiert eine Sammlung von über 200 000 solcher Vierzeiler. Insgesamt gesehen ein ausreichender Anlass, um die lettische Nation wegen pathologischer Infantilität zu entmündigen.

Flagge

Die lettische Flagge ist rotweißrot; ein stümperhaftes Plagiat, denn die roten Balken sind zu breit und außerdem haben sich die Abkupferer im Rot-Ton vergriffen. Er ist viel zu dunkel und sticht ins Elchblutfarbene. Sollten die Letten tatsächlich in die EU aufgenommen werden, wird Österreich sie hoffentlich dazu zwingen, ihre Flagge zu ändern. Unser Vorschlag: Nitratfarben mit dem »Gefährliche Güter«-Piktogramm in der Mitte.

DIE LITAUER

Aussehen und Vorkommen

Die meisten Litauer erkennt man daran, dass sie nicht in Litauen wohnen. Nehmen wir Valdas Adamkus als Beispiel – und falls Sie von dem
noch nie etwas gehört haben, machen wir Ihnen deswegen nicht den
geringsten Vorwurf. Er ist bloß zufällig der Präsident Litauens. Bevor
er gewählt wurde, wohnte er lieber in Chicago. Litauer, die tatsächlich
in Litauen wohnen, unterscheiden sich von gewöhnlichen Menschen
dadurch, dass sie zumeist auf ein Loch im Eis starren, das langsam
zufriert. Das nennt man übrigens Eisfischen.

Geografie

Litauen ist unschwer zu lokalisieren. Es liegt genau da, wo Sie Estland
vermutet hätten. Entgegen vorschneller Skepsis finden sich in Litau-
en durchaus auch schmucke Feriendörfer am Strand. Palanga zum
Beispiel soll sehr empfehlenswert sein, vor allem im Sommer. Allerdings sollte man unbedingt in Begleitung eines professionellen
Meteorologen reisen, denn für Laien ist nicht erkennbar, ob gerade
Sommer oder Winter ist. Der Strand endet übrigens dort, wo unter
der Schneedecke das Eis beginnt. Palangas nächstgelegener Bahnhof
heißt nebenbei bemerkt Kretinga und ist gemäß der Legende nach
dem Kretin benannt, der dort ein Dorf baute.

Geschichte

Die Geschichte der Litauer ist von baltischer Fadesse. Ganz ehrlich:
Was macht es für einen Unterschied, ob ein gewisser Mindaugas
regiert oder Vytenis? Die ganze Historie der Litauer klingt wie eine
Anleitung zu einem Fantasy-Spiel, bei dem jeder verliert.
Wegen der unvermeidlichen Nähe zu Polen kam den Litauern 1569

die lachhafte Idee, eine Gemeinschaft zu gründen, die tatsächlich »Rzeczpospolita« hieß, was so viel bedeutet wie »Commonwealth«. Der gemeinsame Reichtum umfasste ein paar polnische Werften und litauische Klöster. 200 Jahre später teilten sich Österreich, Russland und Preußen die paar Immobilien, aber das war wirklich nicht der Rede wert. Die Russen schenkten den Litauern ohnehin als Gegenleistung das kyrillische Alphabet.

Es folgte das übliche Okkupationshickhack zwischen Deutschen und Russen, bis schließlich die Litauer unabhängig wurden, und jetzt würden sie gern in die EU, aber da müssen sie schon etwas Besseres beisteuern als ein bisschen Rzeczpospolita.

Sprache

Das Litauische unterteilt sich in das Oberlitauische und das Niederlitauische, aber Österreicher, Russen und Preußen wissen, dass man ganz Litauen erobern kann, ohne auch nur ein Wort Oberlitauisch zu sprechen, vom Unterlitauischen ganz zu schweigen.

Küche

Der Litauer ernährt sich hauptsächlich von so raffinierten Gerichten wie Milchprodukten und Kartoffeln. Die Spezialität des Landes heißt Cepelinai, hat die Form eines Zeppelins, besteht angeblich aus Kartoffelteig und Käse und verleiht einem das Gefühl im Magen, man sei die Hindenburg. Dazu trinkt man am besten Midus, ein bekömmliches Schnäpschen mit 60 Volumsprozent Alkohol, das man auch verwenden kann, um Autowracks darin aufzulösen.

Sehenswürdigkeiten

Davon gibt es bedauerlicherweise nur eine einzige, nämlich das Atomkraftwerk von Ignalina. Es entspricht demselben Typ wie der Reaktor von Tschernobyl und stellt die einzige Chance der Litauer dar, einmal in den Abendnachrichten erwähnt zu werden. Das ausgeklügelte Sicherheitssystem funktioniert so, dass Radioaktivität im Fall des Falls sofort ins Freie abgeleitet wird.

Hobbys

In Litauen wird es einem nie langweilig, vorausgesetzt, man schnitzt gern Sonnen und Wetterhähne in hohe Holzpfähle. Das ist die Nationalfreizeitbeschäftigung der Litauer, die zur Zeit der Sowjetunion verboten war. Dies nur als Beispiel dafür, dass auch die Sowjetunion ihre guten Seiten hatte. Ansonsten vertreiben sich die Litauer die Zeit mit Eisfischen. Sie fangen dabei jede Menge Eis.

DIE LUXEMBURGER

Aussehen und Vorkommen

Die Luxemburger sehen allesamt aus wie langweilige Bankangestellte, sind aber in Wahrheit allesamt langweilige Bankdirektoren. Im Übrigen sind sie nicht ganz bei Trost. Wer käme auf die Idee, einen Staat zu gründen, dessen drittgrößte Stadt Dudelingen heißt? Ärgerlicherweise gab es 1866, als Luxemburgs Selbstständigkeit ausgerufen wurde, die UNO noch nicht, sonst hätte die Vollversammlung die Anerkennung wegen Nichtigkeit zurückweisen müssen. Mittlerweile haben sich 410 000 Leute gefunden, die es mit ihrem Selbstwertgefühl in Einklang bringen können, Untertanen eines Großherzogs zu sein, der dem Vernehmen nach Jean heißt und dessen Streitkräfte einem Aufstand der Parkwächter nicht standhalten würden.

Geografie

Luxemburgs Geografie ist in etwa so beschaffen, dass auf handelsüblichen Atlanten der Schriftzug »Luxemburg« nicht einmal zu einem Viertel in das Land passt. Der höchste Berg des Landes ist der Buurgplaatz bei Huldingen (559 m), dessen Erstbesteigung im Buch der Geschichte verschwiegen wird. Bodenschätze gibt es in Ermangelung einer ausreichenden Menge an Boden keine. Im luxemburgischen Geografie-Unterricht bekommt jeder Schüler eine Eins, der dem Lehrer die peinliche Frage erspart, wo die quantitative Grenze zwischen Gartenkunde und Geografie liegt.

Geschichte

Luxemburg wurde in den Jahren 1866 und 1867 als selbstständiges, neutrales Großherzogtum gegründet, ohne dass dem frisch gebackenen Großherzog die Ironie bewusst wurde. Die Sache dauerte deshalb so lange, weil die Großmächte sich zunächst nicht einigen konnten, was mit dem Areal geschehen sollte. Die einen votierten für ein Einkaufszentrum, die anderen für einen Parkplatz. Schließlich setzten sich die Deutschen mit ihrer Idee eines neutralen Staates durch. Nicht ganz ohne Hintergedanken übrigens, denn sie marschierten bald darauf zweimal hintereinander mühelos in Luxemburg ein und in weiterer Folge durch (stehen bleiben konnten sie nicht, es war nicht genug Platz). In jüngerer Zeit war Luxemburg hauptsächlich damit beschäftigt, möglichst viele Nationalflaggen aufzuhängen, denn seit es keine Grenzkontrollen mehr gibt, deutet aber auch schon gar nichts mehr darauf hin, dass Luxemburg überhaupt existiert.

Sprache

Jeder Luxemburger spricht in etwa neun Sprachen aktiv und beherrscht ein weiteres Dutzend passiv und das Beste daran ist: Die Luxemburger selbst merken es gar nicht. Sie können einen Luxemburger harmlos in jeder beliebigen Sprache nach dem Weg fragen, und er wird ihnen in vier anderen Sprachen antworten und dabei hilfsbereit lächeln. Radio Luxemburg sendet täglich in neun Sprachen und der Programmdirektor überlegt, ab nächstem Jahr einen fremdsprachigen Kanal einzuführen. Zu dem Zweck wurde die Forschungsabteilung beauftragt, eine Fremdsprache ausfindig zu machen; bisher ohne Erfolg.
1984 hatte die luxemburgische Regierung eine lustige Idee: Sie führte eine offizielle Landessprache ein. Sie heißt »Lützebuergesch« und ist eine Art Baskisch ohne Separatismusdrang. Mit anderen Worten: Keiner will die so genannte Landessprache sprechen.

Sehenswürdigkeiten

Wenn Sie Dinge wie die »Europabrücke Großherzogin Charlotte« für sehenswert halten, werden Sie in Luxemburg viele schöne Tage verbringen. Auch das am Our-Stausee gelegene größte Pumpspeicherkraftwerk der Welt muss jeden Liebhaber des Pumpspeicherkraftwerkwesens begeistern. Alle anderen Luxemburg-Reisende kämpfen spätestens an dieser Stelle mit dem dringenden Wunsch, den Stausee mit dem Großherzogtum in volumensmäßige Deckungsgleichheit zu bringen.

Reichtum

Die Luxemburger verschwenden keinen Gedanken an irgendetwas anderes als ans Geldmachen. Das luxemburgische Jahrhundert der Philosophie lässt ebenso auf sich warten wie die luxemburgische Schule in der Malerei oder die luxemburgischen Wilden in der Literatur. Einzig das Bankwesen floriert, kein anderer Staat verfügt über ein derart dichtes Bankennetz, kein anderer europäischer Staat erreicht annähernd das Bruttosozialprodukt Luxemburgs, niemand ist so enervierend vermögend, so abscheulich wohlhabend, so abartig reich; und natürlich mussten sich die Luxemburger nicht wie alle anderen Europäer mühsam an die Euro-Kriterien heransparen und allein erziehende Mütter und Arbeitslosenunterstützungsbezieher notschlachten. Sie zeigten bloß lässig auf ihr Pumpspeicherkraftwerk voll Geld.

Gesundheitswesen

Da die Luxemburger von Natur aus a) reich und b) langweilig sind, stößt ihnen nie etwas zu und sie werden selten krank. Man sollte also annehmen, dass es in Luxemburg nicht viele Ärzte gibt. Irrtum. Das Land weist eine sinnlos hohe Ärztedichte auf. Jeder zweitgeborene Sohn wird Arzt (der Erstgeborene kriegt die Bank). In Luxemburg muss nicht der Patient auf einen Arzttermin warten, sondern der Arzt ruft alle paar Wochen bei den Bankdirektoren an und fragt, ob er einen Krankenschein abholen darf.

DIE MALTESER

Aussehen und Vorkommen

Malteser sehen aus wie Krankenschwestern in Karnevalstracht und das gilt für Frauen und Männer gleichermaßen. Überall, wo genug Platz ist, tragen sie ein komisches Abzeichen, das aussieht wie ein verbogener Fondue-Spieß. Sie nennen das »Malteser-Kreuz«, was keinen Sinn macht, denn im Gegensatz zu einem richtigen Kreuz hat es acht Enden. Die acht Enden symbolisieren angeblich die acht Seligpreisungen der Bergpredigt. Selig, wer nichts Besseres zu tun hat, als sich um so etwas zu kümmern.

Wir haben noch nie mit einem Malteser näher zu tun gehabt und können deshalb nicht ausschließen, dass sie auch sonst noch etwas Achtspitziges, selig Machendes an sich haben.

Geografie

Malta liegt dort, wo in durchschnittlich präzisen Atlanten Wasser eingezeichnet ist, nämlich knapp unter Sizilien. Es gibt dort keinen Berg und keinen Fluss, aber drei Inseln, von denen eine Malta heißt, die anderen beiden nicht, aber alle drei zusammen dann wieder doch.

Aufgrund seiner Randlage wäre Malta wie geschaffen dafür, als eine Art europäisches Las Vegas zu dienen; ein Sündenpfuhl für Wochenendtrips. Leider haben das die Katholiken vermasselt, die Malta zu einer Betschwesternstation verödet haben.

Geschichte

Um ein Haar hätten wir uns mitten im Mittelmeer ein islamisches Zentrum hinpflanzen lassen; Araber konspirierten um 1000 nach Christus auf Malta umher und bastelten wahrscheinlich an einem Versteck für Osama bin Laden. Damit war aber rasant Schluss, als die

Christen herbeiruderten und die Malteser vor die Wahl stellten, zum Christentum überzutreten oder in den Libanon zu schwimmen. Die Christen installierten auf Malta einen besonders tapferen Kampforden, die Johanniter. Die demonstrierten ihre Unerschrockenheit, als sie 1798 kampflos vor den napoleonischen Truppen kapitulierten.

Später dann, als der Suezkanal fertig war, nutzten die Briten Malta als Mautstelle. Glorreicher wurde die Rolle Maltas beim besten Willen nie. Nach der Unabhängigkeit 1974 begann die übliche Kleinstaatenfadess und die Insel driftete in Richtung EU. 1996 jedoch zogen die Malteser ihre EU-Bewerbung wieder zurück, ohne dass das irgendjemand bemerkt hätte.

Sprache

Malteser sprechen Maltesisch, was durchaus problematisch ist für Leute, die europaweit Sanitätsdienst leisten. Vermutlich sind bereits Millionen von Kranken verendet, weil die herbeigeeilten maltesischen Sanitäter langwierig mit Wörterbüchern hantierten, anstatt erste Hilfe zu leisten.

Kultur

Die Marienkirche von Malta besitzt die viertgrößte Kuppel Europas, falls das irgendjemand für eine kulturelle Leistung halten sollte. Ansonsten beschränken sich die Malteser darauf, in pseudofolkloristischen Kostümen lähmende Paraden abzuhalten.

Sport

Malta dient seit jeher als verlässlicher Prügelknabe im Fußball. Da maltesische Mannschaften unseres Wissens noch nie ein Unentschieden errungen haben, verursacht ihre Teilnahme an internationalen Bewerben lediglich sinnlose Reisespesen.

DIE MAZEDONIER

Aussehen und Vorkommen

Die Mazedonier sehen aus wie Leute, die man ein paar hundert Jahre lang in den Bergen vergessen hat. Im Lauf der Centennien wurden sie gelinde gesagt etwas wunderlich und seit einiger Zeit gehen sie der internationalen Gemeinschaft als Querulanten schwer auf die Nerven. Sie gründeten nämlich den Staat Mazedonien und nennen sich seither Mazedonier, obwohl es längst Mazedonier gab, nämlich die Bewohner der nordgriechischen Provinz Mazedonien. Warum nennen sich ein paar Südjugoslawen plötzlich Mazedonier? Das ist ungefähr so, als würden die Salzburger einen Staat gründen und ihn Bayern taufen. Aber jetzt gibt es diese 2,2 Millionen Mazedonier nun einmal und daran kann man vorderhand wenig ändern. Slobodan Milošević hätte es vielleicht noch versucht, aber dazu kam er nicht mehr.

Geografie

Mazedonien umfasst ein Stück gebirgiges Hinterland. Ganz egal von wo aus man es betrachtet, es bleibt immer Hinterland. Verkehrsmäßig liegt es in etwa so praktisch wie ein Jupitermond. Wenn man nicht gerade ein Steinbock ist oder eine Zypresse, muss man schon ziemlich große Lust auf einen Nationalitätenkonflikt haben, um sich ausgerechnet hier anzusiedeln. Einzige Attraktion bislang war das Erdbeben von 1963.

Geschichte

Mazedonien ist eine historische Mogelpackung. Erst kam hier Alexander der Große zur Welt und man musste annehmen, dass Mazedonien so etwas wie eine Heimat großer Söhne, fast vergleichbar mit Österreich, sein würde. Aber nein. Nach Alex war Sense. Heute dient das Land als Zwischenlager für unliebsame Minderheiten und anstrengende Religionsgemeinschaften. Da kleben Albaner, Türken, Roma, Serben und die selbst ernannten Mazedonier aufeinander und schüren hauptberuflich Konflikte. Damit das Streitpotenzial nicht ausgeht, bekennen sie sich noch zu unterschiedlichen Religionen, die Außenstehende kaum auseinander halten können, die einander aber spinnefeind sind: Mazedonisch-Orthodoxe, Bulgarisch-Orthodoxe, Griechisch-Orthodoxe, Serbisch-Orthodoxe … Und auf die Gefahr hin, dass die sich einmal versehentlich einigen sollten, warten da immer noch Moslems, die jederzeit Zeit haben für einen Dschihad.

Da stellt sich doch die Frage, was zwischen Alexander dem Großen und dem heutigen ethnischen Flohzirkus schief gelaufen ist. Zunächst folgten auf Alexander die Diadochen, jene Leute, die, wo immer sie in der Geschichte auftauchten, jedes Großreich ruinierten. Später dann fielen noch Bulgaren, Türken, Serben und Kommunisten über das Land her – eine letale Kombination, die auch die USA zu einem hilfebedürftigen Zwergstaat niedergemurkst hätte.

Wirtschaft

Bislang hat noch kein Mazedonier Arbeit gefunden. Das Arbeitsamt von Skopje ist identisch mit dem Einwohnermeldeamt. Die Mazedonier wissen, dass sie nur dann von der UNO gesponsert werden, wenn sie ausreichend Konfliktpotenzial vorweisen können, und neben dem Wirrwarr aus Nationalitäten und Religionen verweisen sie da stolz auf eine Arbeitslosenrate, die so hoch ist wie der Intelligenzquotient des alten Alexander.

Kultur

Jede in Mazedonien lebende Minderheit verfügt über eine irrsinnig bedeutsame Kultur, die auf keinen Fall untergehen darf, und wer dem widerspricht, kann sich auf Zoff gefasst machen, dagegen war der Bosnienkrieg ein ökumenischer Gottesdienst.

DIE MOLDAUER

Aussehen und Vorkommen

Moldauer sind klein wie Rumänen, dunkelhaarig wie Rumänen und schauen auch sonst so aus wie Rumänen. Das mag daran liegen, dass die meisten Moldauer Rumänen sind (64 Prozent). Oder aber sie sind klein wie Ukrainer, dunkelhaarig wie Ukrainer und schauen auch sonst so aus wie Ukrainer. Das wiederum mag daran liegen, dass viele Moldauer Ukrainer sind (14 Prozent). Die restlichen Moldauer sind klein wie Russen, dunkelhaarig wie Russen und auch sonst den Russen nicht unähnlich; unter uns gesagt, man könnte sie für Russen halten.

Die Moldauer lebten zu Redaktionsschluss dieses Buches in Moldau, aber das kann sich jede Minute ändern. Moldau ist nämlich in Wahrheit kein Staat, sondern ein Vergnügungspark für Sezessionisten. Wenn irgendwo drei Moldauer in der Mittagspause beieinander stehen und tuscheln, kann man mit Sicherheit davon ausgehen, dass sie gerade über die Nationalhymne des Staates plaudern, den sie spätestens in der übernächsten Mittagspause ausrufen werden.

Moldau selbst verdankt seine Entstehung einer verlängerten Mittagspause im Jahr 1991. Ein Jahr später gründeten ein paar Moldauer den Staat Transnistrien. Der harrt zwar noch der Anerkennung, aber ein paar Transnistrier sind bereits drauf und dran, sich von ihm abzuspalten.

Geografie

Moldau und seine Sezessionsableger sind so winzige Staaten, dass man sie nur in einem Teilchenbeschleuniger der UNO ausmachen kann. Dennoch hat auch Moldau so etwas wie einen höchsten Berg. Während sich nämlich das Land auf 400 Metern Seehöhe dahinwellt, ragt der mächtige Balaneschty bis in eine Höhe von 430 Metern auf. Die Erstbesteigung passierte durch Zufall, als ein Auto nicht anspringen wollte und ein Moldauer es auf einen Abhang schob, um Schwung zu holen.

Die übrige Landschaft Moldaus lässt sich am besten dadurch beschreiben, indem man aufzählt, was das Land alles nicht hat. Es hat keinen Zugang zum Schwarzen Meer und die Donau, die sich ansonsten für kein osteuropäisches Land zu schade ist, steuert zwar von der rumänischen Seite schnurgerade auf Moldau zu, schlägt aber kurz vor der Staatsgrenze einen hasenartigen Haken nach rechts.

Geschichte

Moldau ist das Findelkind des Balkans. Es lag einfach so in der Gegend herum und schien niemandem zu gehören. Dummerweise fanden es dann aber so gut wie alle Völker, die im Umkreis von ein paar tausend Kilometern auftauchten, und so wurden in Moldau jahrhundertelang die Internationalen Grenzkonflikt-Meisterschaften abgehalten. Moldau wurde so oft überrannt, erobert, gespalten, wieder vereinigt und einverleibt, dass Generationen von Moldauern in der dritten Klasse Volksschule sitzen bleiben, weil sie jedes Jahr in Geschichte durchfallen. Erst Stalin hatte mit den bedauernswerten Leuten ein Einsehen und vermittelte ihnen ein Ferienlager in Sibirien. Nach 1990 überlegten die Moldauer eine Vereinigung mit Rumänien, aber da es dabei zu einer geringfügigen Verzögerung kam, wurde die Vereinigung von der ursprünglich eine halbe Stunde später angesetzten Sezession überholt.

Kultur

In Moldau haben so viele Bürgerkriege stattgefunden, dass alles, was noch aufrecht steht, zum Kriegsdenkmal erklärt wird. Der große Sohn Moldaus, der Schriftsteller Alexander Puschkin, war in etwa so freiwillig im Moldauer Exil wie Napoleon auf St. Helena. Ansonsten verfügt Chisinau über eine ganze Reihe von Museen, die aber noch nie ein Tourist besucht hat, weil die Straßen in Moldau gleichzeitig russische und rumänische Namen tragen. Falls der Bezirksvorsteher Sezessionist ist – und davon kann man ausgehen –, hat keiner der Straßennamen Gültigkeit.

Sport

Nationalsport der Moldauer ist das Weinverkosten. Mannschafts-
sportarten scheitern hingegen meist daran, dass sich während des
Spiels ein Teil des Teams abspaltet.

Wirtschaft

Moldau lebt fast ausschließlich von der Sezessionsindustrie. Dauernd
müssen neue Flaggen genäht, Hymnen komponiert und Landkarten
gezeichnet werden, jede neue Abspaltung braucht eine Armee und
einen Botschafter, der zum UNO-Hauptquartier fährt und dort beim
Portier das Formular für Staatsgründungen ausfüllt.

DIE NIEDERLÄNDER

Aussehen und Vorkommen

Die Niederländer erkennt man daran, dass sie entweder mit einem Wohnmobil den Brenner verstopfen, auf einem Autobahnparkplatz ein Campingklo ausleeren oder am Heldenplatz unerlaubt campieren. Der Niederländer ist nur glücklich, wenn er in einer fahrbaren Baracke mit Hilfe unzulänglicher Geräte sein Leben gestalten kann wie ein papua-neuguineischer Ureinwohner, der sich verlaufen hat.

Da die 16 Millionen Niederländer, die sich zur Sommer- und Wintersaison über den ganzen Kontinent verstreuen, ihre Stellplätze nie wieder verlassen würden, müssen sie orange Trikots tragen. So können wir sie herdenweise wieder auf die Autobahn verfrachten und zurück in die Niederlande schicken, wo sie in ihren Campingbussen neben ihren Häusern wohnen.

Die Niederlande heißen deshalb Niederlande, weil die Skyline der Städte nicht höher ist als eine Reihe Wohnwägen.

Geografie

Die Niederlande bilden eine große Badewanne, die darauf wartet, eingelassen zu werden. 26 Prozent des Landes liegen weniger als einen Meter über dem Meeresspiegel, 24 Prozent liegen sogar unter dem Meeresspiegel und eigentlich könnte man einen Mittelweg finden und das Land auf Meeresspiegelniveau einpendeln, indem man die Deiche entfernt. Der höchste Berg der Niederlande wäre dann bequem per Luftmatratze erreichbar.

Geschichte

Es ist schwer zu glauben, aber die Niederländer hatten tatsächlich ein goldenes Zeitalter und waren im 16., 17. Jahrhundert drauf und dran, eine Weltmacht zu werden. Damals gründeten sie sogar New York, nannten es aber peinlicherweise New Amsterdam, und geblieben ist dort von der niederländischen Herrschaft bloß ein Campingplatz in Flushing Meadow. Alle niederländischen Kolonien machten sich so rasch es ging selbstständig, weil sie es mit ihrem Selbstwertgefühl nicht vereinbaren konnten, von einem Volk abhängig zu sein, dessen größtes Talent das Trockenlegen von Lagunen ist.

Eine weitere Demütigung der Niederländer im Lauf der Geschichte war die Unterwerfung durch die Franzosen. Napoleon konnte sich nicht einmal dazu herablassen, das Land selbst zu beherrschen, sondern schickte seinen kleinen Bruder Ludwig.

Inzwischen gelten die Niederländer als Verfechter der europäischen Integration, denn erstens garantiert ihnen die EU freien Wohnwagenverkehr und zweitens erlangen dadurch sogar so nebbiche niederländische Ortschaften wie Maastricht ein bisschen Berühmtheit.

Sprache

Gesprochenes Holländisch klingt nach Rachenentzündung im Endstadium, geschriebenes Holländisch sieht aus wie Deutsch ohne Grammatik. In dieser Sprache lassen sich keine Gedichte verfassen und keine Lieder schreiben, die man nicht sofort in einem Campingklo entsorgen müsste. Dementsprechend wird die niederländische Popmusik auch »Nederpop« genannt um zu verhindern, dass man sie mit Pop auf eine Stufe stellt.

Wirtschaft

Die Niederländer haben in der europäischen Wirtschaft zwei Marktnischen erobert, in denen sie unangefochtene Marktführer sind: Sex und Drogen. Grundsätzlich ist gegen keines der beiden Produkte etwas einzuwenden, aber für eine westliche Industrienation ist es denkbar mickrig, Frauen in Schaufenster zu setzen und in Cafés mit Gras zu dealen. Neben den erwähnten Gütern handeln die Niederländer auch mit Gemüse, das in Fabriken garantiert ohne natürliche Zusätze hergestellt wird, und mit Fußballern, die sie erst aus ehemaligen Kolonien importieren, ihnen dämliche Frisuren verpassen und sie dann weiter nach Barcelona verschiffen. Sogar die Funktionsweise des Sklavenhandels haben die Niederländer 200 Jahre zu spät kapiert.

Sport

Kurioserweise sehen die Niederlande von weit oben betrachtet zwar so aus, als gäbe es ein dichtes Straßennetz, geht man jedoch näher ran, stellt man fest, dass es sich bei gut der Hälfte der Straßen um Kanäle handelt. Deshalb müssen die Niederländer im Sommer in Booten durch Amsterdam fahren und sich im Winter auf Schlittschuhen fortbewegen. Grundsätzlich ist gegen das Schlittschuhlaufen nichts einzuwenden, wenn man zehn ist oder knapp darüber, aber als Fortbewegungsmittel für ein ganzes Volk ist das einigermaßen kindisch. Ähnliches gilt für das Radfahren. Jedenfalls sind die Niederländer in beiden Disziplinen unschlagbar, weil alle anderen Europäer lieber Auto fahren.

Kultur

Das Niveau der niederländischen Kultur pendelte von Vincent van Gogh bis zu Rudi Carrell, tragischerweise aber nicht wieder zurück. Da Holländisch wie erörtert eine gänzlich untaugliche Sprache ist, konzentrierten sich die Niederländer lange Zeit auf die Malerei. Hieronymus Bosch erfand den Horrorfilm, ehe es Videos gab, und Rembrandt gilt als Meister dusterer Licht-Schatten-Szenen, was man zumeist auf großes Talent zurückführt, eher aber damit zu tun hat, dass die Schinken zu lange in staubigen Kellern herumgelegen sind.
Van Gogh malte recht hübsche Sachen, aber der Nederpop trieb ihn in den Wahnsinn, bis er sich schließlich ein Ohr abschnitt. Piet Mondrian erfand bunte Rechtecke, die es bis dahin in den Niederlanden offenbar nicht gab, und der Industriedesigner Maurits Escher entwarf die Treppe, die weder nach oben noch nach unten führt.
Dann kam Rudi Carrell, der abwechselnd schlechtes Holländisch und schlechtes Deutsch spricht, ohne dass man merkt, wann er umschaltet. Konsequenterweise müssten seine Fernseh-Shows »Neder-TV« genannt werden, seine Witze »Neder-Witze« und sein Aussehen »Neder-Look«.
Rudis Existenz hat die niederländische Kultur fast gänzlich ausgelöscht, übrig geblieben ist da lediglich noch der Schriftsteller Cees Nooteboom, dessen Reiseromane davon handeln, dass er im Urlaub absolut nichts erlebt.

DIE NORWEGER

Aussehen und Vorkommen

Die Norweger sind das einzige Volk, das nach einem Pullover benannt ist. Abgesehen von ihrer stereotypen Oberbekleidung sind die Norweger der lebende Beweis dafür, dass der Mensch nicht dazu geschaffen ist, in Gegenden zu hausen, in denen sich Gletscher pudelwohl fühlen. Die Norweger versuchen, durch unkontrollierten Gesichtshaarwuchs eine Art Puffer zwischen sich und der Außenwelt zu errichten, was den Zweck nur rudimentär erfüllt und jammervoll aussieht. Die Haare sind meist in aufdringlichem Rot gehalten, damit man erfrorene Leute im ewigen Eis leichter lokalisieren kann. Der Rest der norwegischen Tiefkühlkörper besteht ausgerechnet aus Sommersprossen. Zynischer kann sich die Natur am Menschen nicht rächen.

Geografie

Die norwegische Landschaft galt eine Zeit lang als der letzte Schrei, allerdings war das während des Pleistozäns. Seit jedoch die Eiszeiten vorüber sind und die Menschen festgestellt haben, dass handwarme Badeseen mehr Komfort bieten als jungeiszeitliche Moränen, weiß mit Norwegen niemand etwas anzufangen. Wenn man die völlig ausgefranste Küste des Landes misst, kommt man auf eine Länge von fast 60 000 Kilometern, was Norwegen zu einem echten Ferienparadies macht, wenn man seinen Urlaub nicht sofort antritt, sondern darauf wartet, bis die Erderwärmung den Planeten um weitere 15 bis 20 Grad aufgeheizt hat.

An manchen Stellen ist Norwegen nicht viel breiter als eine Elchherde, und da Elchherden in Norwegen ziemlich häufig vorkommen, muss man dauernd nach Schweden ausweichen. Neben dem Stammland gehören auch noch einige Pseudo-Kolonien zu Norwegen. Während man jedoch als Kolonien üblicherweise Länder bezeichnet, die irgendeinen Anreiz bieten, dessentwegen sie erobert wurden, handelt es sich bei den Gebieten, die von Norwegen abhängig sind, um antarktische Eislaufplätze in der Größe von Luxemburg, allerdings ohne auch nur eine einzige Punschbar.

Geschichte

Die Besiedelung Norwegens zeigt auf grausame Weise, was passieren kann, wenn man im Biologie-Unterricht nicht aufpasst. Die nordischen Jäger und Sammler, die durch Skandinavien zogen, hatten irgendwo gehört, dass man Tieren folgen soll, um in lebenswerte Gegenden zu gelangen. Anstatt aber den Störchen zu folgen, die sie zum Neusiedler See geführt hätten, folgten sie Rentierherden und gelangten so nach Nordnorwegen, wo sie ihren Reiseführer zu Rentierfutter verarbeiteten.

Da oben war es in den folgenden Jahrhunderten so kalt, dass sich die Geschichte warm anzog und zuhause blieb. Es geschah absolut nichts. Die einzige Epoche, die wenigstens bedeutsam genug war, um den Plot für eine Trickfilmserie zu liefern, war die Wikinger-Zeit. Es ist nicht ganz klar, ob die Wikinger die Vorfahren der Schweden oder der Norweger sind, da sie eine bessere Orientierung hatten als die Norweger, aber haltbarere Holzkonstruktionen bauten als die Schweden.

Ansonsten waren die Norweger darauf angewiesen, Geschichte zu simulieren, weil sich nichts ereignete. Zu dem Zweck heirateten die skandinavischen Königshäuser ständig untereinander, wodurch zuerst Schweden zu Norwegen gehörte, dann Norwegen zu Dänemark und zum Schluss Norwegen zu Schweden. Es könnte auch in umgekehrter Reihenfolge stattgefunden haben, denn die Hochzeitsgäste, die immer dieselben waren und jedes Mal stockbetrunken, konnten sich hinterher nicht mehr genau erinnern, wer wen geheiratet hatte. Als Norwegen 1905 endgültig unabhängig wurde, fand sich kein Norweger, von dem man ein einigermaßen königliches Porträt hätte anfertigen können – wir sagen nur: Gesichtsbehaarung –, und so mussten sich die Norweger einen Dänen namens Karl als König leasen.

Als die Nazis kamen und Norwegen überrannten, wurde den Norwegern erstmals bewusst, dass es auch andere Optionen gibt, um ein Land zu erobern, als die Eheschließung mit einer Schwedin.

Seit ein paar Jahren stellen sich die Norweger dann und wann scherzhaft die Frage, ob sie Mitglied der Europäischen Union werden sollen, allerdings weigern sie sich standhaft, irgendwelche Verträge zu unterschreiben. Wann immer ein EU-Beamter nach Oslo reist, um den Norwegern zu erklären, was die Mitgliedschaft für Konsequenzen hätte, machen die Norweger aus ihm einen Met-Kelch und übergeben ihn dem Wikingermuseum.

Sport

Den Norwegern ist die Unterscheidung zwischen Wintersport und Sommersport fremd. Deshalb haben sie sich auch in Disziplinen wie etwa Fußball einen Namen gemacht. Das norwegische Fußballwunder heißt Rosenborg Trondheim und das Geheimnis hinter dem Wunder besteht in der perfiden Terminplanung der Klubverwaltung. Heimspiele gegen internationale Gegner werden prinzipiell Anfang November angesetzt, wenn sich das Trondheimer Stadion von einem Stück Arktis nur durch die Cornerfahnen unterscheidet.
Ähnliche Erfolge feiern die Norweger beim Synchronschwimmen (Wassertemperatur: 0 Grad) und im Orientierungslauf (60 000 km Küste, permanente Dunkelheit).

Wirtschaft

Norwegen ist das Saudi-Arabien des Nordens. Saudis wie Norweger fühlen sich bei extremen Temperaturen wohl, beide tragen Einheitskleidung (Saudis: Kaftan; Norweger: Norweger-Pulli) und beide leben vom schreienden Unrecht horrender Benzinpreise. Abgesehen von der Erdölförderung verdienen die Norweger ihren Lebensunterhalt mit dem Schlachten sympathischer Wale und dem Versenken von deren Greenpeace-Eskorten.

Politik

Obwohl in Norwegen politisch alles geregelt ist und sich die Norweger dank des Öls keinerlei Sorgen ums Budget machen müssen, sitzen 165 Abgeordnete von immerhin zehn Parteien in einem Parlament, das »Storting« genannt wird. Das Einzige, was die im Storting beschließen, ist eine Erhöhung der Ölfördermenge – und die Tatsache, dass sie nicht zur EU wollen. Beides beschließen sie je zweimal pro Tag.

Kultur

Der bekannteste norwegische Maler ist der Expressionist Edvard Munch, dessen bekanntestes Werk »Der Schrei« entstand, als Munch in Oslo ein Bier bestellte und die Rechnung präsentiert bekam.
Ähnlich wie in der Malerei kann Norwegen auch in der Literatur nur einen einzigen nennenswerten Vertreter vorweisen: Henrik Ibsen, der auf launige Weise so erfrischende Themen wie Tod, Schuld, Verlogenheit, Charakterlosigkeit und Unterdrückung zu einem theatralischen Morast vermengte.
Musikalisch ergänzt wird die Depressions-Kultur durch Jan Garbarek, einem Saxofonisten, der den Beweis erbrachte, dass Jazz ebenso langweilig sein kann wie mittelalterliche Choräle.

Küche

Die Spezialität der Norweger sind getrocknete Fische, die riechen wie das Innere eines Thunfisch-Dickdarms und schmecken wie die Schuhe eines Orientierungsläufers, der vier Jahre nach Wettkampfende von einem Suchrentier entdeckt wird.

DIE POLEN

Aussehen und Vorkommen

Die Polen tun immer so, als seien sie besonders arm, vor allem optisch. Sie tragen auch mehr als ein Jahrzehnt nach dem Ende des Kommunismus noch Ostbock-Frisuren und Kleidung, die offenbar in Fünfjahresplan-Wäsche-Kombinaten designt wird. Viele Polen tragen zusätzlich Schnauzbärte. Lech Walesa zum Beispiel. Wir dachten deshalb jahrelang, das sei eine Art von zivilem Ungehorsam gegenüber der Sowjetunion, aber es dürfte sich vielmehr um eine tiefer sitzende Störung handeln, vielleicht auch um einen genetischen Defekt. Aus Höflichkeit wagt es niemand nachzufragen.

Neben den 40 Millionen Polen in Polen tummeln sich noch zahllose weitere in Deutschland, Österreich und diversen anderen Staaten, in denen dringend illegale Bauarbeiter benötigt werden. Ein Pole hat sogar einen Job im Vatikan ergattert. Im Ausland sind Polen meist daran zu erkennen, dass sie in großen Autos sitzen und damit zielstrebig in Richtung Grenze rasen.

Geschichte

Polen wurde so um 1000 nach Christus gegründet, damit Österreich, Russland und Preußen etwas hatten, was sie unterwerfen und untereinander aufteilen konnten. Am Ende des 18. Jahrhunderts waren die drei mit dem Aufteilen so weit fertig, dass Polen verschwunden war. Das kümmerte weiter niemanden, bis auf die Polen, aber die gab es ja nun nicht mehr. Der Einfachheit halber wurde Polen später Russland zugeschoben, was insofern Sinn machte, als die beiden Völker in etwa dasselbe Modeverständnis und einen ähnlichen Hang zum Schwermut-Wodka-Biathlon haben. Im 20. Jahrhundert benahmen sich abwechselnd die Deutschen und die Russen auf Kosten der Polen daneben, zuletzt regierte in Polen General Jaruzelski, der sich vom toten Breschnew nur dadurch unterschied, dass er überdimensionale, dunkle Brillen trug. Schlussendlich bekam er von der unabhängigen Gewerkschaft Solidarność und dem Papst eine gescheuert und seither orientieren sich die Polen in Richtung Westen (wenn man von ihrer Frisurenmode einmal absieht).

Geografie

Die Polen haben den schwer wiegenden Fehler gemacht, ihr Land so zu platzieren, dass sie ausschließlich zweifelhafte Leute in ihrer Nachbarschaft haben: Auf der einen Seite die Deutschen, die keine Gelegenheit ausgelassen haben, einzumarschieren, auf der anderen Seite die Russen, deren Leumund auch nicht besser ist. Dazu kommen noch ein paar notorische Verlierer-Staaten (Ukraine, Weißrussland, Litauen, Tschechien, Slowakei) von denen weiß Gott keine positiven Impulse ausgehen, es sei denn, man betreibt einen illegalen Autoversand.
Der Verdacht, dass den Polen ein bisschen der Lebenswille fehlt, kommt einem schon, wenn man deren Flagge sieht: Ein weißer und ein roter Streifen. Aus. Wo doch jeder weiß, dass eine Flagge wenigstens drei Streifen hat oder sonst irgendein dekoratives Element. Einen Adler, einen Stern oder unseretwegen auch einen Schnauzbart.

Sprache

Sprachforscher gehen davon aus, dass das Polnische im Vergleich zu anderen Sprachen sehr spät entstanden ist, nämlich zu einem Zeitpunkt, als die meisten Buchstaben bereits vergriffen waren. Es waren hauptsächlich seltsame Buchstabenkombinationen übrig geblieben. So saßen die ersten Polen um einen Tisch und rätselten, was sie mit all den cz, sz, rz anfangen sollten. Offenbar verfielen sie wieder einmal in eine Art Schwermut-Wodka-Kombination und einer sagte: »Was schreiben wir, wenn wir ›W‹ sagen?« Darauf lallte ein anderer ein »L«. Ein Dritter sagte: »Streich das durch.« Seither wird im Polnischen ein durchgestrichenes »L« als »W« ausgesprochen. Bei »Łódź«, der zweitgrößten Stadt Polens, spricht man keinen einzigen der Buchstaben so aus, wie es jeder vernünftige Mensch für richtig hielte. Vielmehr sagt man korrekt so etwas wie »Whutsch«. Dank der Häufung von absurden Buchstabenkombinationen des Polnischen in der Art von »owczesnych« verdienen sich Tausende Polen ihren Lebensunterhalt bei internationalen Scrabble-Meisterschaften.

Wirtschaft

Üblicherweise produziert jedes Volk irgendwas und versucht es dann zu exportieren. Nicht so die Polen. Es ist bis heute völlig unklar, ob es eine polnische Wirtschaft überhaupt gibt. Kann sich irgendjemand noch daran erinnern, wann das letzte Mal ein polnischer Wirtschaftsbetrieb in den Nachrichten erwähnt wurde? Es war die Werft in Danzig, anno 1980. Grund der Publicity: ein Streik. Damals erfanden die Arbeiter das Label »Solidarnosc«. Das Label »Made in Poland« hingegen steckt noch in der Entwurfphase. Es weiß auch niemand, wo man es draufkleben könnte. Außer vielleicht auf den Papst.
Grund der dürren Wirtschaftsperformance ist ein Missverständnis. Die Polen wirtschaften nämlich nonstop, managen wie wild und handeln, als gäbe es kein Morgen. Allerdings schwarz. Der Schwarzmarkt in Polen ist so groß, dass die herkömmliche Wirtschaft ein Schattendasein führt. Mit geklauten Autos zu handeln ist in Polen so wie Äpfel verkaufen in der Oststeiermark. Nur manchmal huscht eine unauffällige Gestalt in eine Seitengasse, trifft dort auf eine zweite Gestalt und die eine sagt: »Ich schlag dir einen Deal vor. Wir produzieren was. Legal. Das verkaufen wir dann.« Darauf die andere: »Hier in Polen? Ist mir zu heiß.«
So verfügt Polen auch über unzählige Außenhandelsstellen. Es handelt sich dabei um mobile Einheiten, und wenn Sie einen Blick aus dem Fenster werfen und Ihnen dabei der leere Fleck ins Auge springt, wo eben noch Ihr Mercedes stand – da war ein polnischer Handelsdelegierter am Werk.

Kultur

Dass Polen Bücher schreiben, wird der Weltöffentlichkeit in aller Dramatik dann vor Augen geführt, wenn eine polnische Lyrikerin den Literaturnobelpreis bekommt und keiner weiß, wie man ihren Namen schreibt und ob eines ihrer Gedichte schon in eine sinnvolle Sprache übersetzt worden ist. Da kommt Leben in die Kulturredaktionen. (Der letzte Knüller war Wisława Szymborska, Nobelpreis 1996. Sie muss wohl nicht mehr näher vorgestellt werden, nicht?)

An und für sich schreiben Polen Bücher über Schacheröffnungen oder über mittelalterliche Logik, und wer sich für keines dieser Themen interessiert, wird ganz gut ohne das polnische Verlagswesen auskommen. In der polnischen Belletristik geht es vorwiegend um die Themen Nazis, böse Russen, Konzentrationslager, Unterdrückung und die Tatsache, dass in jedem Leben einmal der Zeitpunkt kommt, an dem der Freitod eine erhebliche Erleichterung wäre. Tatsächlich brachte die polnische Literatur eine eigene Schule hervor, die – wir lügen nicht – als »Katastrophismus« bezeichnet wird. Wir wissen nicht, wer so was liest, aber sicherheitshalber bekam der Hauptvertreter dieser sonnigen Gruppe, Czesław Miłosz, 1980 den Nobelpreis.

Die polnische Musik erfrischt das Gemüt in etwa so sehr wie die polnische Literatur. Die Kompositionen von Krzysztof Penderecki klingen wie die Vertonung eines Buches über Schacheröffnungen.

Bedauerlicherweise kriegten ein paar Polen trotz sowjetischer Beaufsichtigung und sprichwörtlicher Armut auch manchmal eine 35-mm-Kamera zwischen die Finger. Krzysztof Kieslowski verfilmte die Zehn Gebote, weil er offenbar die Rechte für Wisława Szymborskas Gedichte nicht kriegte.

Seit dem Ende des Kommunismus blüht die polnische Kultur und es gibt McDonald's, Dunkin Donuts und Burger King. Auch Hip-Hop. Aber in den Fastfood-Restaurants tragen die Angestellten diese »Frisuren« und die Bands in Warschau singen Hip-Hop mit polnischen Texten. Man nennt das Hszićzp-Hprmŏćszp.

Papst

Den Polen verdanken wir es, dass jedes Jahr am Ostersonntag ein Mann Grußbotschaften in 834 Sprachen in alle Welt sendet und alle klingen irgendwie polnisch. Der einzige Karriere-Pole entfernt vor seiner Ansprache alle Vokale und fügt lediglich ein paar »Y« ein. Das klingt in der deutschen Variante etwa so: »Lyb Glybyge! Chryst dr Hrr schnkt dr Wlt synn Sygn!« Aber wir freuen uns trotzdem über den Spruch, denn wer vor laufender Kamera Konsonanten-Potpourris zum Besten gibt, klaut wenigstens keine Autos.

Architektur

Die polnische Architektur leidet ein bisschen darunter, dass die Stadt-planer abwechselnd in Berlin und Moskau saßen. Erst drückte Adolf Hitler Warschau seinen Stempel auf und entschied sich dabei für eine Urbanität des offenen Raumes in Form einer planierten Hauptstadt. Danach kamen die Russen. Ihnen war nach ein bisschen Kultur zu Mute und so errichteten sie mitten in Warschau einen Kulturpalast, der sich so subtil und zart in das Gesicht der Hauptstadt einfügte wie eine Panzerfaust. Der Rest Warschaus besteht aus Sozialbauten.

Küche

In der Krakowskie Przedmiescie Nr. 45 in Warschau (das ist eine Adresse) befindet sich das Restaurant »Siedem Grzechów«. Es wirbt mit »Old-Time Polish Cuisine. Vodka with cucumber«. Wir halten Wodka mit einer Gurke drin für ein beinahe gelungenes polnisches Rezept. Noch besser schmeckt der Wodka ohne Gurke; es passt auch mehr ins Glas. Fragen Sie den Koch, ob er das passende Rezept findet. Vermeiden Sie in Polen unter allen Umständen Gerichte, die Pilze beinhalten. Jährlich verenden Dutzende Touristen qualvoll, wenn sie versuchen, das polnische Wort für Pilze, »Grzyby«, auszusprechen. Aus ähnlichen Gründen ist von Pfirsichen (Brzoskwinia) abzuraten.

DIE PORTUGIESEN

Aussehen und Vorkommen

Immer wenn Sie glauben, einen besonders misslungenen Spanier vor sich zu haben, handelt es sich um einen Portugiesen. Nicht etwa, dass man den Spaniern irgendetwas besonders zugute halten könnte (siehe »Die Spanier«), aber die Portugiesen schaffen es dennoch konstant, ihre Nachbarn zu untertreffen. Ihr Land ist kleiner, ihre Küstenlinie kürzer, ihr höchster Berg niedriger, ihr S-Fehler eklatanter. Das Einzige, was bei den Portugiesen größer ausgeprägt ist als bei den Spaniern, ist ihr Minderwertigkeitskomplex.

Deshalb müssen sie auch ganz an der äußeren Ecke Europas leben, und wenn man sie zum Beispiel nach Frankreich lässt, dann nur als Hausmeister. Vorzugsweise jedoch schickte man Portugiesen in unsicheren Booten aufs Meer hinaus, wodurch statistisch jeder 5000. Portugiese zum Entdecker wurde.

Geografie

Portugal ist jener Teil des portugiesischen Weltreiches, der am wenigsten attraktiv war, weshalb ja die Portugiesen so exotische Gegenden wie Indien, den Fernen Osten, Brasilien oder auch Ländereien in Afrika eroberten. All das ist ihnen jedoch wieder abhanden gekommen, was bedeutet, dass sie vorwiegend an der Küste wohnen und sauer aufs Meer hinausschauen.

Geschichte

Nachdem sie im 16. Jahrhundert beeindruckende Weltgegenden unterworfen hatten, benahmen sich die Portugiesen wie lausige Monopoly-Spieler und verloren alles. Zuletzt büßten sie ihr verbliebenes Domizil Macao ein, wo sie wenigstens dem Falschspiel und dem Schmuggel frönen konnten. Auch das ist jetzt Geschichte.

Ebenso wie die Spanier legten sich die Portugiesen einen Diktator zu, aber während General Franco einen opulenten Bürgerkrieg führen durfte, fiel General António de Oliveira Salazar vom Stuhl und zog sich einen Dachschaden zu. In weiterer Folge kam es bloß zu einer lauwarmen »Nelkenrevolution«, die einem w.o. im ersten Satz glich. Seit Portugal endlich eine Demokratie ist, geben sich jetzt die Linken abwechselnd die Klinke in die Hand. Von 1985 an regierten zehn Jahre lang die Sozialdemokraten und wurden von den Sozialisten abgelöst. Worin da der Unterschied bestehen soll, weiß kein Portugiese. Das nächste Mal werden sie wahrscheinlich Labour wählen.

Seefahrer

Die Erfolge der portugiesischen Seefahrer waren nichts anderes als Zufallstreffer, denn wenn man einfach lossegelt, muss man ja irgendwann einmal irgendwohin kommen. Aber selbst da blieben die Portugiesen hinter den anderen Seefahrernationen zurück. Das beweist schon die Tatsache, dass nach berühmten Seefahrern auch international irgendetwas benannt wurde: Nach Thomas Cook die Travellerschecks, nach Kolumbus ein Ei, aber nach Vasco da Gama? Nicht einmal ein Joint, obwohl das angemessen wäre, denn während Kolumbus Amerika entdeckte, schwappte es da Gama in der Kiffermetropole Goa an Land.

Sprache

Portugiesen zischeln beim Sprechen, als ob ihnen jemand die Vorderzähne ausgeschlagen hätte. Das ist erstens akustisch eine Zumutung und zweitens ist darin auch die Ursache für die recht hohe Niederschlagsmenge zu sehen. In den Wintermonaten, wenn es zu kalt ist zum Baden und Tratsch als einziger Zeitvertreib übrig bleibt, steigt die Niederschlagsmenge auf bis zu 111 Millimeter.

Sport

Die Portugiesen betreiben wie die Spanier Stierkampf als Sport. Allerdings versteht sich von selbst, dass der portugiesische Stierkampf nur ein schwacher Abklatsch des spanischen ist. Während die Spanier das Tier erdolchen, dürfen die portugiesischen Toreros den Stier lediglich überwältigen. Hat ein Stier einmal kapiert, dass es genügt, sich überwältigen zu lassen, um wieder nach Hause zu seinen Kühen fahren zu dürfen, setzt er sich entsprechend lasch zur Wehr. So endet der Stierkampf eigentlich jedes Mal mit einem torlosen Unentschieden.

Kultur

Die traditionelle Musik der Portugiesen heißt zu Recht Fado. Sie entstand in den Armenvierteln von Lissabon, wo neue Instrumente, neue Melodien, neue Themen und neue Rhythmen einfach nicht zu kriegen waren. So handelt der Fado immer von den gleichen unglücklichen Beziehungen, bedient sich immer derselben Moll-Tonarten und, begleitet von immer den gleichen zwei Gitarren, greint immer die gleiche melancholische Stimme.

Die portugiesische Architektur verdankt ihre weitgehende Harmlosigkeit dem Erdbeben von 1755, das einen Großteil der Bauwerke entsorgte, ehe sie von Architekturkritikern in der Luft zerrissen werden konnten.

Die Portugiesen haben den Katholizismus ohne Scheu mit einer Art Voodoo kombiniert. In dem Kaff Fatima behaupteten drei Hirtenkinder, sie hätten die Muttergottes getroffen. Ein Unsinn, für den Kinder in jedem zivilisierten Land mit Fernsehverbot nicht unter drei Tagen sanktioniert würden. Nicht so in Portugal. Dort wurde eine protzige Basilika errichtet und wann immer Hirtenkindern nach ein bisschen Aufmerksamkeit zu Mute ist, sagen sie, sie hätten Visionen.

Wirtschaft

Die Portugiesen haben sich in Europa als Armenhaus einen Namen gemacht. Geschickt lassen sie Griechen und Süditaliener ökonomisch an sich vorüberziehen, um sich weiter die Position des Nachzüglers zu sichern. Denn nur so können sie damit rechnen, von der EU mit Subventionen voll gestopft zu werden. Als Gegenleistung sehen sie ein bisschen traurig drein, versorgen die EU-Kommission mit Porto, und falls die Kommissare dann noch immer keine Visionen haben, borgen sie ihnen drei Hirtenkinder.

DIE RUMÄNEN

Aussehen und Vorkommen

Die Rumänen sehen aus wie Italiener, die sich keine Sonnenbrillen leisten können und zum Shopping ins Caritas-Depot fahren anstatt nach Mailand. Ihren mediterranen Einschlag könnte man ja akzeptieren, wenn sie wenigstens Mittelmeerstrände bevölkern würden wie alle anderen eher dunkelhäutigen Europäer auch. Wie viele Rumänen es gibt und wo sie sich aufhalten, ist umstritten, da sie zumeist auf Reisen sind; vorzugsweise ohne Pässe in versiegelten Lastwagen. Lange Zeit rätselten die zivilisierten Europäer, wozu die Rumänen eigentlich gut seien. Die Frage ist jedoch ungerecht. Für viele humanitäre Institutionen dient Rumänien als willkommene Alternative zu den anderen Dritte-Welt-Staaten, die alle nur durch kostspielige Überseeflüge zu erreichen sind.

Geografie

Rumänien ist der größte Staat Südosteuropas und bietet ausreichend Platz für jede Form von Schlamassel. Man kann das ausladende Territorium als Biotop für eine kommunistische Diktatur nutzen oder als Halde für Umweltschäden aller Art.
Mitten durchs Land erstrecken sich die Karpaten, eine Schmalspurversion der Alpen, und darin eingeklemmt liegt Transsylvanien, wo Dracula wohnt, der sympathischere der beiden prominenten Rumänen.
Blickt man über die rumänischen Grenzen hinaus, bietet sich in jeder Richtung ein ebenso trostloser Anblick wie innerhalb der Grenzen. Balkan, wohin man schaut. So wird verständlich, weshalb die Rumänen vorzugsweise in fensterlosen Fahrzeugen reisen.

Geschichte

Die Rumänen hatten lange Zeit ziemlich sichere Jobs als Leibeigene der deutschen Siebenbürger. Dann funkten Russen und Osmanen dazwischen und schließlich wählte der Adel einen Typen mit dem Namen Karl Eitel Friedrich von Hohenzollern-Sigmaringen, der vom osmanischen Sultan als Herrscher Rumäniens eingesetzt wurde. Weil der Name des Monarchen so unbeschreiblich peinlich war, hieß Karl im Dienst Erbprinz Carol. Möglicherweise war er aber auch einfach nur eine Drag-Queen.

Im 20. Jahrhundert gaben sich in Rumänien Faschisten und Kommunisten die Klinke in die Hand. Einmal regierte ein Minderjähriger namens Michael als König, dann wiederum der andere der beiden prominenten Rumänen, Nicolae Ceauşescu. Der war überzeugter Kommunist und einte das Volk, indem er das Land zu einem schmucken Gefängnis ausbaute. 1989 überreichten ihm Aufständische als Dank mehrere Salven aus Gewehren.

Nachdem die Rumänen endlich ihr Schicksal selbst in die Hand nehmen konnten, rissen sie das Gefängnis nieder und errichteten in Rumänien ein großes Arbeitsamt. Seither dient das Land als Strafkolonie für Angestellte der Weltbank.

Sprache

Es ist kaum zu glauben, aber die Rumänen sprachen zu Beginn der christlichen Zeitrechnung akzentfreies Latein. In den darauf folgenden Jahrhunderten muss es den Leuten ganz schlimm die Sprache verschlagen haben, und als sie sich danach wieder verständlich machen wollten, konnten sie nur noch pseudolateinisch stammeln. Von all den kunstvollen Endungen, über die das Lateinische verfügte, blieb nur noch ein stupides »u«, das stereotyp an jedes Wort angehängt wird.

Wirtschaft

Dank großer nationaler Anstrengungen verfügen die Rumänen über ein imposantes Arsenal von Schwerindustriebetrieben, die ursprünglich Kohle und Stahl produzierten, nach einem Umstrukturierungsprozess machen sie aber heute vor allem Defizite. Die meisten der Staatsbetriebe sind so defizitär, dass es billiger wäre, die gesamte Belegschaft das ganze Jahr über in einen Club Med zu sperren. Dummerweise gibt es in Rumänien keine geeigneten Club Meds und in die Länder, wo es welche gibt, lässt man die Rumänen nicht rein.

Angeblich exportieren die Rumänen enorm erfolgreich menschliche Organe. Es könnte aber durchaus sein, dass sie nur flunkern, um auch auf irgendetwas stolz sein zu können.

Kultur

Rumänische Künstler brillieren allesamt in der Kunst, zu verheimlichen, dass sie Rumänen sind. Paul Celan, geboren in der damals rumänischen Bukowina, tarnte sich als Deutscher, Eugène Ionesco als Franzose und Tristan Tzara als Wirrkopf.

Sport

Die Rumänen spielen recht gut Fußball, weil wie überall in Rumänien auch auf den Fußballfeldern Tausende herrenlose Hunde streunen, die alle überdribbelt werden müssen.

Küche

Die Spezialität der Rumänen ist »Fleischhaufen mit Fleischbällchen und Fettüberguss« in unterschiedlichen Varianten. Als Diätspeise wird dem Gericht ein Karottenschnipsel beigefügt. Die Herkunft des Fleisches bleibt dem Gast meist verborgen und geht auch aus den Speisekarten nicht hervor. Zuweilen hört man aus der Küche ein finales Jaulen.

DIE RUSSEN

Aussehen und Vorkommen

Russen sehen fast genauso aus wie Westeuropäer, die Unterschiede liegen im Detail: An Stelle von Jeans tragen sie Dschinskij, anstatt Frisuren Fellmützen, anstatt Rolex Rolex-Attrappen; und statt Kreditkarten tragen sie büschelweise Dollars bei sich, denn an Stelle von Wirtschaftskonzepten tragen sie in ihren Aktenkoffern Erpresserbriefe an die Weltbank.

Die Russen wohnen da, wo die Finanzhilfen versickern. Im Osten. Niemand weiß, wie das Budgetloch aussieht, das dort klafft, aber es muss in etwa so groß sein wie der Ural. Drumherum sitzen die Russen und sinnieren, ob es besser wäre, wieder einmal eine Weltrevolution zu beginnen oder die internationale Marktwirtschaft schleichend zu Grunde zu richten.

Geografie

Russland erstreckt sich über alle Problemzonen, derer es habhaft werden konnte. In jeder Region Europas findet sich da oder dort ein bisschen Ödland, aber die russische Föderation hat so viel davon, dass sie damit einen interplanetarischen Versandhandel aufziehen und das ganze Sonnensystem mit nutzloser Gegend versorgen könnte. Die meisten Gebiete sind aussichtslos unbewohnbar. Gebirge, so unüberschaubar wie das Handelsdefizit, Steppen, so trostlos wie der Plot eines Gorki-Romans, Tundren, so fruchtlos wie ein Fünfjahresplan. Jeder kleine Halbwüstenstreifen, der auf der Karte aussieht wie ein Autobahnparkplatz, ist in der Realität so groß wie Frankreich.

Um beim Zusammenbrauen von Schlamasseln dennoch nicht völlig auf die eigenen Ressourcen angewiesen zu sein, grenzt Russland an so routinierte Bankrotteure wie Nordkorea, China, die Mongolei oder Kasachstan.

In einem derartig riesigen Reich findet sich natürlich für jede Aktivität ausreichend Platz. Sibirien etwa wird bei Bedarf als Kongresszentrum für politische Nachschulungen genutzt, weil dort die Gefahr unerwünschter Ablenkungen relativ gering ist. Auch für Umsiedlungsaktionen hat die russische Geografie viel Stauraum eingeplant. Ganze Völker, die ein wenig auf Diät gesetzt werden sollen, finden Platz in Zonen, in denen nichts Nahrhafteres gedeiht als Flechten.

Eingeteilt wird die russische Föderation in Teilrepubliken, die sich vermehren wie Steppenhasen. Oft sind es Minderheiten, die Teilrepubliken gründen, wobei auch eine Minderheit in Russland nicht kleiner sein muss als das Volk der Kanadier. Die Namen der Teilrepubliken klingen zumeist so wie fragwürdige Psychopharmaka. Baschkortostan zum Beispiel sollte man nicht ohne Konsultation des Beipackzettels, eines Arztes oder Apothekers bewohnen.

Geschichte

Es gibt viele Slawen, aber die Russen haben damit angefangen. Ohne sie läge der Temperaturschnitt in Nowosibirsk zwar auch sechs Monate lang unter Null, aber wahrscheinlich hätte das Rundum-Desaster insgesamt nicht schlimmere Ausmaße als in Finnland. Die Einzigen, die versuchten, die Slawen frühzeitig daran zu hindern, einen Ostblock zu gründen, waren die Mongolen, aber in Sachen Befellmützung liegen Slawen und Mongolen ohnehin ex aequo.

Ihren richtig gemütlichen Ostblock trugen die Russen nach und nach zusammen, indem sie Kriege saisonal ausrichteten. Im Herbst luden sie Feinde zu sich nach Hause ein, damit die sich auf den geräumigen Schlachtfeldern einmal so richtig austoben konnten. Dann allerdings brach der Winter ein und aus hitzigen Feinden wurden Tiefkühlschießbudenfiguren. Im Frühling begannen die so geretteten Teilrepubliken wieder damit, sich abzuspalten, was selten gelang, aber wenigstens dazu diente, dass man wusste, dass der Winter vorüber war. Man nannte das dann »Prager Frühling«.

Auch Slawen fällt es nicht immer leicht, sich unmöglich zu benehmen. Um das Niveau des Irrsinns halten zu können, das die Welt von ihnen erwartete, installierten sie im Lauf der Geschichte ausschließlich unzurechnungsfähige Egomanen als Machthaber: Iwan der Schreckliche richtete sich bei Amtsantritt als erster Zar gleich einmal eine kleine Residenz ein, die halb Moskau umfasste. Vom Bad zum Klo nahm er eine Pferdekutsche. Anschließend ließ er einen Gutteil der Bevölkerung verfolgen, weil er fürchtete, dass Lenin darunter sein könnte. Da war der gute Schreckliche zwar 350 Jahre zu früh dran, doch das störte ihn nicht weiter, denn die Verfolgung der eigenen Bevölkerung erwies sich als beliebtes und dauerhaftes Kulturgut der Russen.

Weitere Errungenschaften, die im russischen Reich ganz vorzüglich gediehen, waren die Leibeigenschaft und Staatsstreiche. Russland schwappte nach und nach über ganz Osteuropa und begrub dabei auch gleich störende Demokratisierungstendenzen. Die ursprünglich leibeigenen Bauern kriegten 1861 ihre Leiber wieder zurück und erhielten als Bonus ein Stückchen besonders schlechten Boden. Trotzdem waren sie nicht zufrieden.

Um die Jahrhundertwende hatten ein paar Russen eine für ihre Verhältnisse erstaunlich gute Idee: An Stelle der Diktatur verlangten sie eine Diktatur. Dazu bedurfte es einer malerischen Oktoberrevolution, die Anfang November stattfand, denn Russland war damals schon bekannt für die Nichteinhaltung von Lieferfristen.

Die neuen Machthaber befreiten die dankbaren Volksmassen und schickten sie in den Gulag. Wahlweise konnten sie sich auch bei Schauprozessen hinrichten lassen oder verhungern. Der politische Überbau all dieser Neuerungen stammte von einem schnauzbärtigen Georgier namens Josef Stalin, dessen Errungenschaften unter der Bezeichnung »Stalinismus« weltweit viele Nachahmer fanden. Wäre Stalin nicht Politiker geworden, verstünde man heute unter »Stalinismus« vielleicht das Tragen eines zu dicken Schnauzbartes und Lech Walesa wäre überzeugter Stalinist.

Im Zweiten Weltkrieg kämpften die Russen gemeinsam mit den Amerikanern und weil das so herrlich klappte, entwickelten sie anschließend auch gemeinsam das Wettrüsten und den Kalten Krieg. Als den Russen dabei langweilig wurde, hatten sie schon wieder eine geniale Idee: Sie schlossen mit den Amerikanern Freundschaft und eröffneten bei der Weltbank ein Konto. Seitdem benehmen sie sich wie Dreizehnjährige, die mit ihrem Taschengeld nie auskommen.

Wirtschaft

Der Hauptindustriezweig in Russland beschäftigt sich mit der Produktion von Katastrophen. Egal welche Industrieanlagen die Russen betreiben, das Ergebnis ist immer dasselbe. Atomkraftwerke werden leck, U-Boote tauchen nicht wieder auf, Gifte treten aus, Minen stürzen ein. Solange es die Fünfjahrespläne noch gab, wussten die Russen wenigstens noch, was ein Plan ist, auch wenn sie ihn meistens verkehrt herum hielten. Heute erstellen sie nur noch Listen radioaktiver Anlagen und bringen sie mit zum G8-Treffen, woraufhin die G7-Staatschefs sich die Haare raufen und dem achten G ihre Kreditkarten zustecken.

Russen, die in Westeuropa arbeiten, betreiben zumeist Import-Export-Unternehmen, wobei sie Waffen, Frauen und Mafiamorde von Russland importieren und im Gegenzug gewaschenes Schwarzgeld exportieren.

Die russische Währung heißt Rubel und ist umgerechnet acht Bohnen wert. Es sei denn, Sie können damit drohen, Ihr Atomwaffenarsenal ins Meer zu schmeißen oder in den Irak zu verscherbeln. Dann steht der Rubel zirka bei 325 Millionen Dollar.

Sprache

Russisch ist eine hochkomplizierte Sprache mit völlig undurchsichtigen Zeitformen, was durch nichts zu rechtfertigen ist, denn in Wahrheit würde eine einzige genügen: die Vergangenheit.

Die russische Grammatik wurde von demselben Funktionärsstab entwickelt, der die Planwirtschaft erfand und die Baupläne für Tschernobyl entwarf. So wird etwa im Russischen ein Wort, das etwas Belebtes bezeichnet, anders dekliniert als eines, das etwas Unbelebtes bezeichnet. Deshalb konnte in der Sowjetunion das Wort »Staats- und Parteichef« lange Zeit nicht dekliniert werden, denn es war völlig unklar, ob etwa »Staatschef Leonid Breschnew« etwas Belebtes oder etwas Unbelebtes bezeichnet.

Absurderweise gibt es im Russischen auch die Vorsilbe »po-«, die anzeigt, ob eine Handlung bloß durchgeführt wurde oder ob sie auch funktioniert hat. Da in Russland noch nie etwas funktioniert hat, wissen ausschließlich Linguisten von diesem Phänomen.

Das russische Wort für »Sehenswürdigkeit« lautet »Dostoprimetschatelnost«. Aus diesem Grund stehen täglich Zehntausende verzweifelte Touristen in Moskau herum und schaffen es nicht, nach einer Sehenswürdigkeit zu fragen. Aufschreiben können sie das Wort auch nicht, denn die Russen verwenden das kyrillische Alphabet, das zu viele Buchstaben hat, wobei einige davon ganz offensichtlich falsch geschrieben sind.

Kultur

Russische bildende Künstler malen und meißeln immer das Falsche und das wie am Fließband. Anfangs kitschten sie ihre Kirchen mit den immer gleichen Heiligenikonen voll, später übersäten sie das ganze Land mit Statuen von Arbeitern.

In der Literatur ist das Problem ähnlich gelagert. Entweder die Autoren sind heftige Christen wie Leo Tolstoi oder sie frönen der Arbeiterbewegung wie Maxim Gorki. Beides reduziert den Unterhaltungswert auf umgerechnet eine Ikone oder einen Marmorarbeiter. Um den Literaten im Ausland ein bisschen Hype zu verschaffen, gingen die Russen eine Zeit lang dazu über, sie einzusperren und ihre Manuskripte mit Veröffentlichungsverbot zu belegen. Das wollte das Publikum im Westen dann nämlich lesen, auch wenn es sich bloß um dröge Lagerbeschreibungen handelte.

Die russischen Komponisten schufen einige der besten Erziehungsmittel, die auch heute noch weltweit von genervten Eltern angewandt werden: Die Drohung »Iss deine Suppe auf oder du musst dir heute Abend ›Schwanensee‹ ansehen!« wirkt seit 1876.

Die größten kulturellen Leistungen vollbrachten die Russen auf dem Gebiet des Films. Ohne die Sowjets wären James-Bond-Filme ohne Plot geblieben und Hunderte Actionfilme über den Dritten Weltkrieg hätten das Happyend vermissen lassen, in dem der russische Expansionstrieb in Gestalt von ein paar Finsterlingen in einem Atombunker zu einem kleinen Häufchen verschmort.

Küche

Wichtig! Das russische Wort für »McDonald's« lautet »МакДоналдс«!!!

DIE SCHWEDEN

Erscheinungsbild und Vorkommen

Schweden sind grell blonde, enervierend gesunde, viel zu groß gewachsene, unstatthaft muskulöse Leute, die neben ein paar anderen wenig relevanten Stämmen (siehe Finnen, Norweger, Esten, Letten, Litauer) in einem Teil Europas leben, dessen Quadratkilometerpreis in etwa ein halbes Knäckebrot beträgt. Sie waren eben zu dämlich, die Gegend um den Wörthersee zu erobern, solange sie noch Wikinger waren. Nicht unser Problem, aber davon später. Es gibt angeblich rund 8 Millionen Schweden, aber das könnte auch eine Finte sein. In den Sparten Tennis, Popmusik und Porno drängeln sich derart viele von ihnen, dass man annehmen muss, sie vermehren sich rapide, und höchstwahrscheinlich leben sie auch länger, bleiben ewig jung und provozieren uns mit nicht endenden Ballwechseln beim Tennis.

Geschichte

Die Schweden blicken auf eine Geschichte zurück, die nicht ein bisschen heldenhaft ist und null Anlass zu Stolz gibt. So gegen 800 vor Christus versuchten die Vorfahren der Schweden Europa zu verschwedisieren. Als Wikinger verkleidet tümpelten sie in Holzbooten herum und wollten uns dazu zwingen, doofe Helme mit Hörnern dran zu tragen und rote Vollbärte modisch zu finden. In jämmerlichen Pelztops und Metallshirts zogen sie raubend und plündernd durch die Gegend und agierten dabei völlig planlos. Erik der Rote etwa besiedelte am Ende ausgerechnet Grönland. Also bitte. Dabei erreichten die Wikinger sogar Amerika, 500 Jahre bevor Kolumbus los schipperte, und was machten sie daraus? Gaben sie dem Kontinent einen Namen? Überzogen sie ihn mit einem Netz von schwedischen Botschaften und Möbelhäusern? Nö. Schwer zu sagen, was sie überhaupt im Sinn hatten. Wahrscheinlich fuhren sie einfach wieder heim und vergewaltigten unterwegs noch ein paar Shetland-Ponys.

Geografie

Schweden liegt, kurz gesagt, viel zu weit nördlich. Malmö geht ja noch, bei Stockholm wird es langsam haarig, aber Kiruna? Jenseits des Polarkreises?! Das Land ist eklatant fehlpositioniert, weil es, anstatt etwas in die Breite zu gehen, sinnlos nach oben ragt. Da die Schweden insgeheim ahnen, wie lächerlich ihr Land aussieht, haben sie diversen Ortschaften Namen gegeben, die so absurd sind, dass sie von der Geografie ablenken sollen: Frostviken, Rundvik, Öje, Laxviken. Der Posten des Fremdenverkehrsobmanns von Frostviken ist übrigens noch vakant.

Die Schweden der Neuzeit

Nach dem Debakel der Wikinger verging ziemlich viel Zeit, in der sich die Schweden ruhig verhielten. Vermutlich spitzten sie Birkenzahnstocher und flachsten Pullover mit Rentiermustern oder so was. Aber in einem blonden, nordischen Recken lauern Abgründe so tief wie Meerbusen. Die Schweden tun nur so sauber-blond und harmlos. In Wahrheit aber sind sie verschlagene Bösewichte. Sie kamen wieder. Doch die Schweden der Neuzeit sind nicht nur brutal und wikingeresk, sondern zudem feige. Anstatt sich zu bewaffnen und irgendwo einzumarschieren, wie wir es täten, oder wenigstens wieder mit Holzbooten eine Seeschlacht anzuzetteln, schleusen sie seuchenartige Plagen bei uns ein, die alles verheeren. Verglichen mit den Waffen der Schweden war das Orange-Gift in Vietnam eine Steinschleuder. Wir sagen nur: IKEA. Oder: ABBA. Oder: H&M. Ganz Europa soll an dem Mist ersticken, denken sie sich und kratzen sich zufrieden unter den Helmen mit den Hörnern drauf, die sie heimlich immer noch tragen.

Möbel

Der teuflische schwedische Virus, der die gesamte europäische Bevölkerung befallen hat, heißt IKEA. Anstatt Tiroler Bauernmöbel tischlern zu lassen, verbringen wir unsere Samstagnachmittage damit, auf dem IKEA-Parkplatz Bettenbausätze, die 2,3 Meter lang sind, in Kofferräumen zu verstauen, die 1,4 Meter tief sind. Zuhause schrauben wir mit dem besonders hassenswerten Inbusschlüssel – der aus Fingern das macht, was Elche mit Eichhörnchen machen – das Regal zusammen, das so heißt wie eine Wikingerbraut, schließen die Lampe an, die aussieht wie ein Nordseerochen, und legen uns in das Bett, das so billig war, weil es so schnörkellos und funktionell gebaut ist wie ein Birkenzahnstocher. Und auch so bequem. Wenn wir nicht wegen des stundenlangen Inbusschraubens vor Erschöpfung bewusstlos zusammengesackt wären, könnten wir uns die Frage stellen: Warum eigentlich? Warum haben wir Österreicher nur noch die Wahl zwischen den Sofas »Örwin«, »Öngröd« und »Örslöch«? Warum muss jede Startwohnung unschuldiger Jungehepaare so aussehen, als läge sie auf einer Waldlichtung und der Jungehemann hätte gerade eben ein paar Fichten geschlägert und daraus ein Regalchen gezimmert? In Ottakring?! Das haben wir den Schweden zu verdanken, die sich kringeln vor Lachen, wenn sie an unsere Betten denken, weil sie sich mit ihren Zusammenschraubbrettermöbeln dämlich verdienen und ihre eigenen Häuschen mit Tiroler Bauernmöbeln einrichten.

Umgangsformen

Schweden sind schleimig und duzen jeden. Ob sie einem mit der Keule auf den Schädel hauen (die Wikinger, damals) oder einem einen überteuerten Nachtkästchen-Bausatz andrehen, bei dem garantiert eine Steckklemme fehlt – sie grinsen und sagen »Jå, då håst du deine Nåchtkåsten!« Würden wir uns das von einem Leiner-Verkäufer in der Nachtkästchenabteilung bieten lassen?

Sprache

Das Schwedische klingt beim ersten Hinhören fast wie eine vernünftige Sprache, entpuppt sich dann aber als sinnloser Singsang. In Wahrheit haben die Schweden komische Kringel erfunden, die sie über Vokale malen, wodurch diese für Leute mit Selbstachtung unaussprechbar werden. Ein Großteil der gesprochenen Sprache besteht aus Lauten wie »Jahaahaa«, sirenenartig intoniert, was nicht mehr bedeutet als »Mhm«. Dass ein Taschenwörterbuch »Fickordbok« heißen kann, erübrigt jede weitere Erörterung.

Kleidung

Der unerträgliche Wesenszug der Schweden, permanent gut gelaunt zu sein, ergibt in Polyester gewoben orange Tops, lustige, ja lustige Hosen und alle möglichen heiteren Kleidungsstücke, die so wenig kosten, dass wir alle gezwungen sind, uns in Berge von fröhlichen Textilien zu gewanden, in denen wir uns entsetzlich albern vorkommen, sodass wir anschließend nackt zuhause sitzen und die Fetzen zum Einheizen verwenden. Danach gehen wir wieder shopen. In Bezug auf die Lebensdauer verhält sich ein beliebiges H&M-Kleidungsstück, die moderne Tracht der Schweden, zu einem Steireranzug wie 1 : 8 000 000 000

Musik

In Schweden bekommt jede Frau, die blonder ist als Mireille Mathieu, einen Plattenvertrag. Im Sinne politischer Korrektheit kriegten auch Neneh Cherry und Dr. Alban einen. Schwedische Popsänger singen nicht schwedisch und auch nicht wirklich englisch, sondern eine Art Kleinkinder-Esperanto. Ding-dong, Mama Mia, sie heißen ABBA oder Aqua und sie sehen alle so aus, als hätten sie sich nicht entscheiden können, glückliche Models oder fröhliche Filmstars zu werden. Das verdächtig erfolgreiche schwedische Pop-Wunder dürfte aber auf ähnliche Weise zustande kommen wie die Turn-Weltmeister der DDR. In Stockholmer Kindergärten werden Dreijährige mit ABBA-Fischpastete gefüttert und zehn Stunden täglich an ein Mikrofon gefesselt, in das sie lustig »Thank you for the music« reinsumsen müssen.

Sport

Schweden sind so krankhaft ehrgeizig, dass sie nur Sportarten ausüben, in denen sie immer gewinnen. Tennis, Eishockey und Curling. Wenn sie gewonnen haben, zeigen sie keinerlei Emotionen, weil der Sieg ohnehin vorher feststand, und wir alle hätten Björn Borg und Ingemar Stenmark dafür mit einem Curlingbesen niederschlagen können. Apropos Curling: Das ist eigentlich kein Sport, sondern eine besonders gesunde Form der Selbsterniedrigung. Man schiebt ein

Dingsbums mit Henkel auf einen Punkt zielend übers Eis und die Teamkameraden schrubben derweil den Boden. Wir nehmen an, dass die Schweden in dieser Sportart auch immer gewinnen, es kann empirisch aber nicht nachgewiesen werden, weil es niemanden gibt, der ein Curling-Match je zu Ende gesehen hat.

Kriege

Schweden führen seit dem Ende der Wikingerzeit keine Kriege mehr. Ein paar Mal haben sie die Finnen unterworfen, aber das zählt nicht, denn die Finnen lassen sich von jedem unterwerfen, der ihr Territorium betritt. Wahrscheinlich ist es in der Gegend um Schweden einfach zu kalt, um einen Krieg zu erklären. Immer wenn sich die Schweden mit den Norwegern eine Schlacht liefern wollen, kommt eine Schlechtwetterfront dazwischen. Deshalb dauert der Geschichte-Unterricht in schwedischen Schulen bloß zehn Minuten.

Sozialstaat

Immerhin verdankt die Welt den Schweden eine politische Errungenschaft: den außer Rand und Band geratenen Sozialstaat. Die Idee ist einfach: Jeder bekommt für alles, was er tut oder unterlässt, finanzielle Unterstützung vom Staat. Je aussichtsloser die Situation ist, in die sich jemand hineinmanövriert, umso mehr kriegt er dafür. Ein Beispiel: Eine allein erziehende Mutter von acht Kindern, die in Privatkonkurs gehen musste, weil sie beim Schlittenhundewetten Schulden gemacht hat, und die wegen Drogenabhängigkeit als Arbeitskraft unvermittelbar ist, bekommt vom Staat so hohe Unterstützungen, dass sie zwei Generaldirektoren erhalten kann, die von ihren Gehältern 132 Prozent Steuern zahlen müssen.

Olof Palme

Ein einziges Mal geschah in der neueren schwedischen Geschichte etwas Dramatisches: Der Premier Olof Palme wurde erschossen. Dass die schwedische Polizei den Täter nicht fassen konnte, kann man ihr nicht vorwerfen, so was kommt vor. Doch sie war sogar außer Stande, das Problem aus der Welt zu schaffen wie jeder normale Geheimdienst: Die Tat irgendeinem Lee Harvey Oswaldson anzuhängen.

Küche

Die Schweden haben das Brot erfunden, das nach überhaupt nichts schmeckt, das nicht satt macht und das zerbricht, sobald man in letzter Verzweiflung wenigstens Butter draufschmieren will. Es heißt Knäckebrot und wird weltweit exportiert, weil die Schweden sich weigern es zu essen. Sehr beliebt sind hingegen Stockfische, die zuerst lange geräuchert werden und danach in der Badewanne wieder aufquellen. Sie schmecken ähnlich wie eine etwa zwei Wochen alte Wasserleiche.

Ingmar Bergman

Um sich nicht dem Vorwurf auszusetzen, sie seien flachgeistige, oberflächliche Frohnaturen, nominierten die Schweden einen aus der Runde, dessen Aufgabe es ist, ernsthafte Langeweile zu erzeugen. Er heißt Ingmar Bergman und beherrscht die Langatmigkeit wie Stefan Edberg das Vorhand-Volley. Bergman-Filme ziehen sich so ungeheuer, dass man (falls sie überhaupt ein Ende haben) danach das Gefühl hat, das eigene Leben sei bloß eine Werbepause. Immerhin gibt Bergman dem Zuseher ausreichend Zeit, es sich flennend zu überlegen, ob er sich nicht doch besser schweigend in einen Meerbusen stürzen soll.

Königshaus

Das schwedische Königshaus ist so volksnah, dass mit freiem Auge nicht zu erkennen ist, wer die Monarchen sind und wer die Untertanen. Schweden ist die demokratischste, egalitärste Monarchie der Welt. König Carl-Gustav darf sich nicht einmal im Supermarkt bei der Warteschlange an der Kassa vorschwindeln, man würde ihn zur Rede stellen und zur Strafe eine Stunde lang Knäckebrot schlichten lassen.

DIE SCHWEIZER

Aussehen und Vorkommen

Schweizer sind disproportionierte, rotbackige Menschen, die sich permanent in Schieflage befinden. Disproportioniert sind sie, weil sie um die Hälfte kleiner sind als die Flöten, die sie blasen. Rotbackig sind sie, weil sie jedes Mal, wenn sie auf ein Glas Milch zum Nachbarn gehen, mindestens zwei Gebirgspässe und einen Höhenunterschied von 2500 Metern überwinden müssen. Die Schieflage schließlich kommt davon, dass sie ausnahmslos entweder auf einem Gebirgshang stehen oder an einem Haufen Schwarzgeld lehnen; oder davon, dass sie gerade umfallen, weil ihnen beim Blasen der Riesenflöten der Blutdruck in ein Gebirgstal gestürzt ist.

Dass die Schweizer sich angesichts der absurden Steillagen überhaupt einigermaßen aufrecht halten können, verdanken sie vermutlich der Einlagerung von Gämse-Genen in ihr Erbgut, wobei wir lieber nicht wissen wollen, wie die zu Stande gekommen ist.

Ihr ohnehin schon mehr als fragwürdiges Äußeres eskalieren die Schweizer durch das Tragen von hinterwäldlerischen Kostümen, die sie auch zu offiziellen Anlässen hervorholen, um zu vermeiden, dass man sie für zurechnungsfähige EU-Bürger halten könnte. Schließlich sind sie weder noch.

Die Schweizer kommen überall dort vor, wo jeder andere mit Ausnahme von Steinböcken oder Moosen herunterpurzeln würde, oder aber dort, wo sie selbst heruntergepurzelt sind. Sie fühlen sich dort wohl, wo es oben zu hoch und unten zu eng ist. Ohne auch nur den Versuch zu unternehmen, diese abgründige Landschaft zu beschönigen, nennen sie ihr Land »Schweiz«.

Geografie

Aus der Luft betrachtet sieht die Schweiz aus wie eine behinderte Qualle. Das Hauptproblem zeigt sich allerdings erst in der dritten

Dimension: Würde man an beiden Enden der Schweiz so lange ziehen, bis keine Erhebung mehr vorhanden wäre, wäre die Schweiz in etwa so groß wie die Russische Föderation plus Estland. (Wir haben das mittels einer Computer-Simulation errechnet.) Die ganze Lächerlichkeit der Schweizer Geografie offenbart sich anhand der Tatsache, dass zwar jeder Hausberg 4000 Meter überragt, der höchste Berg Europas jedoch nicht in der Schweiz liegt. Wozu also der ganze Alpinirrsinn?

Ansonsten verfügt die Schweiz über einige Seen mit einer Wassertemperatur, die abgehärtete Fischotter für ausreichend halten.

Geschichte

Die Schweiz ist eines jener wenigen Länder, die nie erobert wurden. Die Habsburger und Napoleon haben es halbherzig versucht, aber ihre Soldaten verlangten aus verständlichen Gründen eine Höhenzulage und außer Reinhold Messner hatte niemand das Gefühl, dass eine Eroberung die Strapazen rechtfertigen würde.

Um ihre ewige Unabhängigkeit und Neutralität machen die Schweizer rätselhafterweise ziemlich viel Aufsehen: Einmal im Jahr feiern sie das Jubiläum des Rütli-Schwurs, den 1291 die drei Urschweizer Regionen Schwyz, Uri und Unterwalden beschlossen haben. Es handelt sich dabei um die einzige Dreier-Beziehung, die mehr als 900 Jahre gehalten hat, wobei es sich eher um eine Zweckehe handeln dürfte, denn Sex hat keine der Regionen.

Religion

Die dünne Luft in den Schweizer Bergen begünstigt seit jeher die Aktivitäten von Sektierern und Spinnern. Johannes Calvin und sein Freund Huldrych »Hops« Zwingli etwa murksten ein bisschen am Christentum herum und erfanden einen mittelmäßig originellen Kult. Den nannten sie »Calvinismus«, was nicht sehr spirituell klingt, aber die Alternative wäre »Zwinglismus« gewesen. Die Schweizer freuten sich über den Alpin-Voodoo, denn dank Calvin und Zwingli mussten sie keine schweren Kruzifixe, Beichtstühle und Marienstatuen die steilen Hänge zu ihren Kirchen hochschleppen.

Wirtschaft

Die Schweizer leben davon, Löcher zu bohren: Sie bohren Löcher in ihren Käse und verkaufen ihn teuer am Weltmarkt. Sie bohren Löcher in die Schokolade, füllen sie mit Haselnusssplitter auf und verkaufen sie als Toblerone. Sie bohren Löcher in ihre Berge, ziehen Autobahnen und Schienen durch und verlangen horrende Mautgebühren. Und sie bohren Löcher in die Budgets der meisten internationalen Organisationen, weil die Schweiz als ältestes neutrales Land behauptet, internationale Organisationen müssten ihren Hauptsitz bei ihr haben. Dafür verlangen die Schweizer dann horrende Mieten.

Das Einzige, in das die Schweizer keine Löcher bohren, ist ihr Bankgeheimnis. Eher finden Sie am Matterhorn-Massiv ein Terrain, das sich für einen Minigolfplatz eignet, als dass ein Bankier verraten würde, welche Diktatoren ihre Sparschweine bei ihm aufbewahren.

Landwirtschaft

82 Prozent des Einkommens eines Schweizer Bauern sind öffentliche Förderungen. 8 Prozent sind Erlöse aus Versicherungsentschädigungen für verschwundene Tiere, die den Hang runtergekollert sind. 6 Prozent sind Einnahmen aus schwarz verkauften Käsekügelchen, die aus den Löchern stammen. 4 Prozent schließlich sind Einnahmen aus dem Tourismus, vornehmlich urlaubende Tyrannen aus der Dritten Welt, die in der Schweiz Sommerfrische machen.

Politik

Die Schweizer Verfassung sieht eine permanente Konzentrationsregierung vor, was bedeutet, dass jedes Jahr das Mitglied einer anderen Partei Präsident wird. Das fällt jedoch niemandem auf, denn die politischen Parteien in der Schweiz unterscheiden sich voneinander ungefähr so wie ein Loch im Emmentaler von einem Loch im Gouda. Alles, was die Regierung plant, muss sie per Volksabstimmung bewilligen lassen. Ab einer Beteiligung von acht Personen ist das Ergebnis bindend. Bei einem Unentschieden entscheidet ein Wetterhäuschen.

Sport

Die Schweizer schießen gerne mit Armbrüsten Äpfel von den Köpfen ihrer Söhne. Der Einzige, der den Apfel getroffen hat, heißt Wilhelm Tell und ist seither Nationalheld. Ansonsten fahren die Schweizer Ski, und zwar mindestens eine Sekunde langsamer als Österreicher. Dafür rudern sie sehr schnell, weil die Flüsse starke Gefälle aufweisen.

Sprache

Die Schweizer behaupten von sich, sie würden vier verschiedene Sprachen Sprechen: Deutsch, Italienisch, Französisch und Räto-Romanisch. Der Haken an der Sache ist, dass die Schweizer weder von den Deutschen noch von den Italienern oder Franzosen verstanden werden. Räto-Romanen konnten wir nicht befragen – denn die sind außerhalb der Schweiz aus guten Gründen zirka um Christi Geburt ausgestorben. Im Zusammenhang mit dem Bankgeheimnis kommt die sprachliche Unzulänglichkeit sehr gelegen, denn auch wenn die Schweizer Bankiers Auskunft geben wollten – niemand könnte das vokalarme Geholper dechiffrieren.

Liechtenstein

In der extremen Ostschweiz hausen 32000 verwirrte Leute, die, wenn sie etwas weniger verwirrt wären, Österreicher sein könnten: die Liechtensteiner. Sie müssen über den Rhein fahren, um in der Schweiz überteuerte Uhren zu kaufen. Selber schuld.

Internationale Organisationen

Die Schweiz ist grundsätzlich bei allen internationalen Organisationen, bei denen man ordentlich Geld unterschlagen kann, im Vorstand. Beitritte zu Vereinigungen, wo man etwas einzahlen müsste, werden hingegen den berüchtigten, knallharten Referenden unterzogen. EU-Beitritt? – Mit 12:6 Stimmen abgelehnt. UNO-Beitritt? – 7:7 (Ablehnung durch Wetterhäuschen-Entscheid).

Kultur

Während die Schweiz landschaftlich gesehen das Tibet Europas ist, gleicht sie auf kulturellem Gebiet dem Marianengraben. Die Tibeter ergrübelten den tibetischen Buddhismus, die Schweizer motzten nur ein bisschen am Christentum herum. Abgesehen von der Erfindung der Kuckucksuhr drang keine Errungenschaft nach draußen.

Immerhin belegen die Schweizer in der Alphornhitparade seit Jahrhunderten die Plätze eins bis zehn. Der einzige beinahe klassische Komponist heißt DJ Bobo und singt auch so.

Ernsthafte Künstler aller Gattungen lassen sich in der Schweiz vor allem zum Auswandern inspirieren. Le Corbusier, Paul Klee, Albert Giacometti, Jean-Luc Godard – alle packten, wenn überhaupt, ihre Sachen und überquerten so viele Alpenpässe wie erforderlich, um dem Alphorngedudel zu entgehen. Erst wenn die Künstler wieder fett, alt und unproduktiv sind, kehren sie in die Schweiz zurück, um im geriatrisch anregenden Klima Steuern zu sparen. Nirgendwo sterben so viele arrivierte Künstler wie in der Schweiz. Fazit: In der Schweiz lebende Künstler sind entweder unbekannt oder sie stehen knapp vor dem Ableben.

DIE SLOWAKEN

Aussehen und Vorkommen

Slowaken, falls es tatsächlich welche gibt, müssen in etwa so aussehen wie Tschechen, die nicht Eishockey spielen können. Bis dato ist
kein Slowake im Ausland wirklich prominent geworden, der bekannteste ist wahrscheinlich der Erbauer des Hochaltars im Elisabethdom
von Košice: Dummerweise handelt es sich dabei um einen »unbe-
kannten Meister«. Wahrscheinlich war er ohnehin Ungar.
Angeblich zählt die Slowakei eine Bevölkerung von über 5 Millionen,
aber die meisten davon dürften Bären, Wölfe, Fischotter, Fasane und
Biber sein, denn das Land besteht zu einem Großteil aus verregneten
Wäldern.

Geografie

Die Slowakei ist so gelegen, dass während der gesamten Dauer der
Menschheitsgeschichte garantiert niemand vorbeikommt, der einigermaßen bei Trost ist. Viel zu östlich, um zivilisiert zu sein, aber auch
wieder zu wenig östlich, um Exotik auszustrahlen. Das Land hat
außerdem noch nicht einmal eine klar definierte Form. Es wirkt unbe-
quem eingequetscht und sieht ein bisschen so aus wie eine Schweiz,
auf die jemand draufgestiegen ist. Das Einzige, was man den Slowaken zugute halten muss, ist die Tatsache, dass sie ihre Hauptstadt so
nahe wie möglich an Österreich herangerückt haben. Weil sie aber
eben doch Slowaken sind, nannten sie sie Bratislava anstatt Preßburg,
und das sagt ja wohl alles.

Geschichte

Die letztlich völlig überflüssige Geschichte der Slowakei brachte in
über 1000 Jahren keinerlei Fortschritt. Es begann recht kurios mit
einem Gastspiel der Thessaloniki-Brüder Cyrill und Methodius, so

etwas wie eine frühe Boyband, die die Slowakei christianisierte. Anschließend nahmen die Ungarn das Land in Beschlag und die Slowaken dachten, dass es nicht viel schlimmer kommen könnte, und gewöhnten sich im Laufe der folgenden 900 Jahre daran. Zwischendurch tauchten die Tartaren auf, dann wieder die Sachsen oder die Ottomanen; ausschließlich wunderliche Leute, die keinerlei Kultur mitbrachten, sondern nur hirnlose Invasionen veranstalteten.

Ganz besonders dröge war die Zeit der Bauernkriege, denn es gibt kaum etwas Jämmerlicheres als einen Krieg, in dem Landwirte mit ihren Gerätschaften aufeinander losgehen.

Als die Habsburger 1526 die ungarische Krone eroberten, fiel ihnen, ob sie es wollten oder nicht, auch die Slowakei zu, aber unter uns gesagt merkten das die Habsburger gar nicht. Den Slowaken war es langsam peinlich, so vernachlässigbar vor sich hin zu existieren, und sie beschlossen das Anhängsel der Tschechen zu werden. Dieses mittelmäßige Duo nannte sich Tschechoslowakei.

Nachdem die Deutschen kurzfristig mehr Platz im Osten benötigten, mussten generell alle Slawen etwas zur Seite rücken. Nach 1945 wiederholten die unverbesserlichen Slowaken mit den Tschechen den Nonsens mit der Tschechoslowakei, diesmal noch dazu in der verschärften Kommunismus-Variante.

Völlig unerklärlich, weshalb die Slowaken zweimal eine Tschechoslowakei gründeten, um dann 1993 mit enervierendem Mangel an Dramatik wieder zurück zur bedeutungslosen Slowakei zu schrumpfen. Falls es dabei bleibt, werden wir in Zukunft wenigstens wenig aus der Waldschrattecke Europas hören. Die über 1000 Jahre slowakische Geschichte kann man als leere Kilometer abschreiben.

Sprache

Die Slowaken sprechen angeblich slowakisch, aber niemand kann sich erinnern, je wirklich zugehört zu haben. Während der Zeit der ungarischen Herrschaft bewahrten die Slowaken ihre Sprache mittels Volksliedern, aber das wäre wirklich nicht notwendig gewesen. Für das, was die Slowaken einen Aufschwung des Slowakischen nennen, ist ein Nationalist namens Stur verantwortlich. Es sollte nicht allzu schwierig sein, das Slowakische wieder auszurotten, aber zurzeit will sich niemand die Mühe machen.

Folklore

Ganz besonders abscheulich ist der Hang der Slowaken zu Religion und Folklore. Sie verstören unschuldige Touristen mittels traditioneller slowakischer Instrumente wie der Fujara, einer zwei Meter langen Flöte, oder dem Gajdy, einer Dudelsackvariante, die unter die Bestimmungen der Internationalen Folterkonvention fällt.

Der religiöse Fimmel, dem die Slowaken verfallen sind, veranlasst sie dazu, fast jeden Tag einen Heiligen zu feiern und die Geschäfte geschlossen zu halten, ohne für Außenstehende erkennbaren Grund.

Küche

Das typische Gericht der Slowaken heißt knedlo-zelo-vepro, übersetzt: Knödel, Sauerkraut und Schweinsbraten. Das ist übrigens das cholesterinsärmste Gericht des Landes. Falls Sie Vegetarier sind und in der Slowakei etwas zu sich nehmen möchten, empfehlen wir die Intensivstation des Krankenhauses von Bratislava.

Tourismus

Wer Sehenswürdigkeiten abstoßend findet, kommt in der Slowakei auf seine Rechnung. Man kann tagelang durch den Regen stapfen und wird keinerlei Anzeichen dafür finden, dass die menschliche Zivilisation etwas anderes hervorgebracht hat als langweilige Dörfer und schlechte Straßen. Als Alternative bietet sich eine Kanufahrt in einem der Flüsse an. Das Ergebnis ist exakt das Gleiche.

Schwefelquellen, Karst und andere Plagen der Natur komplettieren das Bild eines Landes, das sich vielleicht einmal als Endlager für radioaktiven Müll nützlich machen könnte.

Trnava

Der ältesten Stadt der Slowakei, Trnava, ist im Lauf ihrer Geschichte ganz offensichtlich der Vokal zwischen dem »R« und dem »N« abhanden gekommen, aber die Slowaken hoffen offenbar, dass die nächsten Invasoren zivilisierte Leute sind und sie von allem Slowakischen erlösen.

DIE SLOWENEN

Aussehen und Vorkommen

Die Slowenen sehen exakt so aus wie Jugoslawen. Das ist insofern komisch, als sie seit 1991 ganz Europa damit in den Ohren liegen, dass sie keine Jugoslawen seien. Müssen wir uns wirklich mit solchen Details herumschlagen? Insgesamt gibt es bloß 2 Millionen Slowenen, noch dazu sinkt die Geburtenziffer. In ein paar Jahrzehnten dürfte das Problem demnach verschwunden sein, wozu also der ganze Radau? Im Übrigen bewohnen die Slowenen einen nördlichen Balkanzipfel, den sie Slowenien nennen, obwohl jeder weiß, dass dort immer schon Jugoslawien lag. Man muss diesen Nordjugoslawen ja immerhin zugute halten, dass sie sich bemühen vom Balkan wegzukommen. Slowenien schubst sich so gut es geht an Italien und Österreich ran, immer weiter nach Nordwesten, sodass man den Eindruck gewinnt, am liebsten läge es dort, wo jetzt die Schweiz ist. Dennoch, die Realität sieht anders aus. Ihr seid viel zu weit südöstlich, Leute!

Geschichte

Um 600 fielen slawische Stämme aus dem Dnjepr-Gebiet in das heutige Slowenien ein und damit war die Sache eigentlich schon gelaufen. Wo immer irgendwelche Slawen einfielen, ging in weiterer Folge alles schief – da machte die Geschichte einfach keine Ausnahme. Der Begriff »slawisch« genießt ein ähnliches Image wie »cholesterinhältig« oder »Börsenkrach«.

So ab 1282 erbarmten sich glücklicherweise die Habsburger des hoffnungslosen Haufens, denn Unterwerfung hat noch keinem slawischen Stamm geschadet. Doch nach 1918 glaubten die Slowenen allen Ernstes, sie hätten es besser, wenn sie gemeinsam mit Kroaten und Serben ein Königreich gründen. Das Staatengebilde, das dabei herauskam, bestand aus über 20 verschiedenen Völkerschaften slawischen und nichtslawischen Ursprungs mit verschiedenen Kulturen,

Sprachen und Konfessionen. Es war in etwa so, als hätte man Basken, Korsen und Palästinenser in eine Munitionsfabrik gesperrt. Weil das Ganze so völlig aussichtslos war, nannte man es ab 1929 Jugoslawien. Die Slowenen brauchten bis Mitte der 1980er-Jahre um zu kapieren, dass ein kommunistisches Jugoslawien nicht eben ein Katapult in Richtung Frieden und Wohlstand bedeutete. Also nannten sie ihr Stückchen Jugoslawien Slowenien, zeigten den übrigen Jugoslawen den slowenischen Mittelfinger und tun seither so, als wären sie Europäer.

Sprache

Wer so enervierend aufdringlich europäisch sein will wie die Slowenen, dem müsste eigentlich auffallen, dass man in Europa nicht slawisch spricht; jedenfalls nicht in dem Teil Europas, der auf sich hält. Die Slowenen hingegen sagen zu ihrer Hauptstadt immer noch Ljubljana und wollen nicht einsehen, dass sie wenigstens die beiden haarsträubend abscheulichen »J« weglassen müssten, um linguistisch einigermaßen akzeptabel zu wirken. Und wer wollte auf einem Flughafen landen, der »Brnik« heißt und ganz offensichtlich nicht einmal über die nötige Grundausstattung an Vokalen verfügt? Da muss man doch annehmen, dass die dort auch kein Radar haben – oder bestenfalls ein Rdar.

Wirtschaft

Die Slowenen haben sich verkehrsmäßig ziemlich gut an Europa herangemacht, weil wir es nie übers Herz gebracht haben, nach Süden hin einen ordentlichen Eisernen Vorhang hochzuziehen. Also strömen Slowenen karawanenweise durch den Karawankentunnel zu uns und fragen sich auf Slawisch zu einem Exprtprtnr durch. Ihre Währung heißt peinlicherweise Tolar. Wie die kleinere Einheit heißt, wissen wir nicht. Wir tippen auf »Senz«.
Fremdenverkehr soll es in Slowenien angeblich auch geben. Aber wer fährt schon in einen unaussprechlichen Luftkurort, um dort um Tolars und Vokale angeschnorrt zu werden?

Kultur

Volksmusik sollte sich prinzipiell dadurch auszeichnen, dass man nur das eigene Volk damit quält, die anderen aber unbehelligt lässt. Die Slowenen verstoßen gegen diese elementarste Regel des kulturellen Anstands und exportieren ihre Volksmusik; ähnlich wie die Russen Radioaktivität. Träger der slowenischen Volksmusik ist eine Bande mit dem Decknamen »Original Oberkrainer«. Dem Aussehen der Musiker und dem Sound ihrer Werke nach zu schließen handelt es sich dabei um eine slawische Form des Punk – Hässlichkeit ohne jede Aussicht auf Besserung. Die Beifügung »Original« hätten sie sich übrigens sparen können, denn im Ausland hat seit dem Tod von Sid Vicious absolut niemand Lust, so etwas zu kopieren.

Politik

Unlängst soll es in Slowenien eine Regierungskrise gegeben haben, aber das kümmert nun wirklich niemanden. Was von slowenischer Politik zu halten ist, zeigt die Tatsache, dass sich dort eine Seniorenpartei etabliert hat. Sollte Karl Habsburg in Slowenien einmarschieren, können die Slowenen jedenfalls nicht mit unserem Mitgefühl rechnen.

DIE SPANIER

Aussehen und Vorkommen

Die Spanier sind generell zu dunkel und zu klein geraten. Der Hochsprungrekord liegt bei 1,20 m. Manche Spanier sind zu sehnig wie Joaquin Cortez, die anderen zu quadratisch wie Pedro Almodovar. Und Spaniens Premierminister, José María Aznar, trägt einen Schnauzbart. Damit ist wohl alles gesagt. Die Anzahl der Spanier variiert zwischen 40 Millionen und zwei. Zur ersten Zahl kommt man, wenn man alle Leute zählt, die in Spanien leben. Läuft man aber in Spanien herum und fragt nach Spaniern, findet man keine. Die einen sind Basken, die anderen Andalusier, andere wieder Katalanen. Die Frage »Sind Sie Spanier?« beantwortet ein Andalusier mit finsterer Miene, ein Katalane spuckt auf den Boden und ein Baske stellt Ihnen sein Auto vor die Haustür (baskische Autos sind serienmäßig mit Autobomben ausgestattet).
Die Einzigen, die sich dazu bekennen, Spanier zu sein, sind der spanische König und der Premier. Der mit dem Schnauzbart.

Geschichte

Es würde zu weit führen, alle Weltgegenden und Völker aufzuzählen, die von den Spaniern entdeckt und unterworfen wurden. Eine Zeit lang paddelte jeder Spanier an der Spitze einer Armada durch die Gegend und eroberte den nächstbesten Kontinent. Sie ließen sogar orientierungslose Gastarbeiter wie Kolumbus für sich entdecken. Dagegen ist grundsätzlich nichts einzuwenden, aber wozu der ganze Aufwand? Gut, die Spanier konnten sich in fast ganz Südamerika als Pfarrer, Könige und Bademeister aufspielen und arme, in hässliche Decken gehüllte Peruaner dazu zwingen, Spanisch oder Katalanisch, Baskisch oder Andalusisch zu lernen. Ein ganzer Kontinent wurde in die Sprachschule geschickt, die Spanier exportierten ihre großartige Kultur und was ist dabei rausgekommen? Ricky Martin.

Aus österreichischer Sicht diente Spanien im Wesentlichen als Badestrand und als Terrain, um abseits unser schönen Heimat einen Erbfolgekrieg zu veranstalten.

Später gab es da noch einen Typ namens Franco, dessen Nachname nicht bekannt ist und der jede Menge Unsinn im Kopf hatte, so zum Beispiel, Spanien 1947 wieder zu einer Monarchie zu machen.

Sprache

Das Spanische lässt sich ohne große Mühe erlernen, besonders wenn man lispelt. Anfangs ist die Sprachmelodie etwas gewöhnungsbedürftig. Man betont die Wörter prinzipiell so, als wäre man extrem sauer. Beherrscht man erst einmal die Grundzüge des Spanischen, entdeckt man sehr schnell die Sinnlosigkeit des Unterfangens. Da nämlich in Spanien keine Spanier wohnen (vgl. »Aussehen und Vorkommen«), spricht auch niemand spanisch. Die Katalanen sprechen katalanisch, die Basken baskisch. Nur die Balearen sprechen nicht balearisch, denn das würde den bedeutenden ethnischen Unterschieden zwischen den Bewohnern der einzelnen Inseln nicht gerecht: Deshalb sprechen die Menorquiner menorquinisch und die Mallorquiner mallorquinisch. Spanisch sprechen nur die Moderatoren im staatlichen Fernsehen. Das bemerkt aber keiner dort, seit es Privatfernsehen gibt.

Geografie

Die Spanier glauben, ihr Land würde prächtig die Iberische Halbinsel beherrschen. In Wahrheit liegt es lächerlich eingeklemmt zwischen Gibraltar und Andorra. Dazu kommen noch ein paar Inseln wie Teneriffa und Mallorca, die wurden aber unlängst im Zuge einer Offensive von den Deutschen erobert. Die unterworfenen Eingeborenen arbeiten als Kellner und Sonnenschirmeinsammler.

Flamenco

Manchmal trampeln die Spanier mit genagelten Schuhen auf Holzböden herum, fuchteln dabei mit den Armen, klatschen wild entschlossen in die Hände und sehen finster drein. Dazu drischt jemand auf eine Konzertgitarre ein, ohne sich um den geklatschten Rhythmus zu kümmern. Alle Beteiligten lassen keinen Zweifel daran, dass es ihnen bitter ernst ist und dass sie ganz besonders heftige Gefühlswallungen spüren. Das kann in einem Maße authentisch sein, dass der Tänzer die Tänzerin erwürgt oder die Tänzerin den Gitarristen, in den meisten Fällen aber dann doch bloß der Gitarrist die Gitarre. Es wird geschrien, gewimmert und gestöhnt. Als Zuseher hat man permanent das Gefühl, man sollte den Leuten irgendwie beistehen; vielleicht die Rettung rufen oder Heurigenlieder zur Beruhigung singen oder einfach nur darauf hinweisen, dass alles sicher wieder in Ordnung kommen wird. Versuchen Sie das gar nicht erst, es hilft nichts. Das, was da passiert, heißt Flamenco und die Spanier halten es für eine kulturelle Ausdrucksform. Obwohl es eigentlich nichts ausdrückt außer haltloser Inbrunst. Egal, wie oft man sich Flamenco ansieht, man wird nie dahinter kommen, was die Flamenco-Sänger und -Tänzer so entsetzlich aufregt, dass sie sich vor Publikum derart gehen lassen.

Katholizismus

Die Spanier sind ziemlich katholisch. Sogar ziemlich penetrant katholisch. Macht doch nichts, könnte man meinen. Viele Bischöfe sind auch sehr katholisch und führen dennoch ein ausgeglichenes Leben, trinken bei Messen gern Rotwein und gehen danach mit ihren Kindern zum Drachensteigen auf eine Wiese. Die Spanier sind aber derart katholisch und halten sich so streng an Regeln, dass einem Bischof bei dem Gedanken daran der Drachen seines Sohnes aus der Hand gleiten würde. Mit anderen Worten: Falls Sie mit einer Spanierin unehelich techtelmechteln wollen, könnten Sie ebenso gut in Genua eine Dschunke zu Wasser lassen und Richtung Westen nach Indien aufbrechen. Es ist aussichtslos. Die Spanier nennen ihre Töchter Ascuncion oder Angeles oder Nosexosinmariachi, um von vornherein klarzustellen, dass da nichts läuft. Die jungen Männer heißen meist Jesus und leiden so lange stumm, bis sie einen Anfall kriegen (siehe »Flamenco«). Spanien hat die niedrigste Geburtenrate Europas. Mag sein, dass wir Österreicher den Katholizismus etwas zu heftig propagiert haben, als wir Spanien als Badestrand okkupiert hielten, aber wer konnte ahnen, dass die alles so wörtlich nehmen?

Küche

Der Spanier isst prinzipiell alles, was im Meer treibt, und ist dabei völlig kompromisslos. Die Natur versucht ständig den Spaniern mitzuteilen, dass man gewisse Viecher einfach nicht essen soll. Vergeblich. Selbst winzige Tierchen, die mit so enormen Schalen und Panzern verbaut sind, dass man sie von Steinen nicht unterscheiden kann, werden von Spaniern erbarmungslos verschlungen. So gering kann der Anteil an Lebendmaterial gar nicht sein, dass der Spanier nicht bei Tisch mit schwerem Gerät auf einen Krebs eindrischt, der aussieht wie ein Hochsicherheitsgefängnis. Nur um dann ein Fuzelchen klammes Krebsschenkelchen, das nach Unterwasserzahnstocher schmeckt, aufsaugen zu können.

Empfehlenswert an der spanischen Küche sind auch »Calamares in ihrer eigenen Tinte«. Sie schmecken wie eine volle Füllfederpatrone.

Autos

Es ist kaum zu glauben, aber die Spanier sind nicht einmal in der Lage, ein Auto zu bauen. Auto heißt auf Spanisch »coche«, was so klingt wie Kutsche, und damit ist über das technische Knowhow der Spanier alles gesagt. Während Österreich das Hightech-Mobil Puch 500 entwickelte und die Deutschen immerhin den Mercedes, dösten die Spanier in der Sonne und schnorrten dann den Deutschen eine Nachbau-Lizenz ab. Seither kopieren sie Autos, die aussehen wie Volkswagen, und geben als Erinnerung an die Siesta sonnige Namen. Das täuscht aber niemanden.

Siesta

Die Spanier versuchen frech, dem Rest der Welt ihre Faulheit als kulturelle Errungenschaft zu verkaufen. Dazu haben sie sich den Begriff Siesta einfallen lassen, was so viel bedeutet wie »Schlafen während der Geschäftszeit«. Grundlos legt sich die gesamte Nation am frühen Nachmittag aufs Ohr und damit alles lahm. Wann genau die Siesta beginnt und wieder endet, lässt sich genau vorhersagen: Sie beginnt, knapp bevor Sie etwas kaufen wollen, und endet, fünf Minuten nachdem Sie zornig abgezogen sind.

Sport

Die Spanier haben zwar die Pyrenäen, können aber nicht Schi fahren. Die einzige Sportart, in der sie absolut unschlagbar sind, ist das Erdolchen von Stieren. Dazu zieht sich ein junger Mann eng anliegende Bermudashorts an und kombiniert es mit einem zu kurzen, bunten Jäckchen sowie fettigen Haaren. Dann wedelt er ein paar Mal mit einem Tuch und schließlich ersticht er den Stier, der natürlich nicht wissen kann, dass der Typ mit dem Tuch bewaffnet ist. Was an dieser Hinterhältigkeit sportlich sein soll, ist schleierhaft. Es gibt keinen Sieger, keine Punkte und natürlich auch keine Weltmeisterschaft, weil sich niemand außer den Spaniern eng anliegende Bermudashorts anziehen will.

Literatur

Alle tollen spanischen Schriftsteller sind in Wahrheit Lateinamerikaner mit Ausnahme von Cervantes, und der ist 1616 gestorben.

Malerei

Francisco Goya ist der bedeutendste spanische Maler, weil er es geschafft hat, in einem Land, in dem dauernd die Sonne scheint und leicht bekleidete Strandschönheiten vorüberziehen, absolut nichts Hübsches zu pinseln. Düstere Abschlachtungsszenen gehören noch zu seinen netteren Motiven.

Erfindungen

Die Spanier haben kaum was Brauchbares erfunden. Uns fallen nur drei Dinge ein: Die einzige Sportart, bei der ein Mensch gegen ein Tier antritt. Den Latinlover, den sie sich durch den Katholizismus wieder ruiniert haben, und schließlich die Mayonnaise. Ehrlich. Die wurde als »salsa mahonesa« in Mahon, der Hauptstadt Menorcas, erfunden. Tolle Sache, an sich. Erfunden wurde sie allerdings vom Koch des französischen Kardinals Richelieu und in der Summe ergibt das wieder keinen Punkt für die Spanier.

DIE TSCHECHEN

Aussehen und Vorkommen

Tschechen sehen aus wie ästhetische Dissidenten. Sie tragen auch heute noch die Haare vorne kurz und hinten lang, ohne dass sie die Sowjets oder sonst irgendjemanden dafür verantwortlich machen könnten. Die meisten kombinieren das spätestens ab dem 10. Lebensjahr mit der slawischen-türkischen Unart des dicken Schnauzbartes. Tschechische Frauen sind spätestens ab ihrem 13. Lebensjahr ausnahmslos blond und investieren ihr Erspartes in eine Brustvergrößerung.

Seit es keine Dissidenten mehr gibt, dürfen tschechische Männer nur noch dann in den Westen, wenn sie Eishockey spielen können. Tschechische Frauen gibt es im Westen nur in Videotheken.

Geografie

Weil es Tschechien gibt, müssen die polnischen Putzfrauen zweimal an der Grenze stauen, bevor sie in Wien eintreffen. Ansonsten dient Tschechien lediglich als Umland für Atomreaktoren, die aus Ersparnisgründen ohne Sicherheitsausstattung bestellt wurden.

Landschaftlich hat das Land so gut wie nichts zu bieten. Es gibt kein Meer, der höchste Berg ist gerade einmal 1602 Meter hoch und nach einem Müsli benannt: »Schneekoppe«. Der größte See des Landes ist ein Stausee. Die größte landschaftliche Attraktion ist das Waldsterben.

Geschichte

Seit es Tschechen gibt, haben sie nichts anderes getan als zu sticheln, zu provozieren und anderen so lange auf die Nerven zu gehen, bis irgendwo ein Krieg ausbrach. Bislang sind alle Bemühungen gescheitert, den Tschechen diplomatische Formen beizubringen. Anstatt eine Protestnote zu verfassen, wenn ihnen etwas nicht passt, schmeißen sie gleich die Leute aus dem Fenster. So etwas kriegt natürlich immer jemand in die falsche Kehle und prompt beginnt ein Dreißigjähriger Krieg.

Auch nach dem Ersten Weltkrieg, als die Tschechen endlich ihren optisch verwahrlosten Staat bekommen hatten, forderten sie das Deutsche Reich heraus, indem sie partout das Sudetenland nicht herausrücken wollten. Wieder gab es Ärger.

1968 schließlich lösten sie um ein Haar einen Atomkrieg aus. Nur weil die Sowjetunion ihnen einen etwas längeren Winter verordnet hatte, die Tschechen aber schon den Frühling genießen wollten, revoltierten sie aus purem Übermut.

Man kann beim besten Willen nicht feststellen, worauf die Tschechen in ihrer Geschichte eigentlich hinaus wollen. Einmal gründen sie einen Staat mit den Slowaken, dann trennen sie sich wieder. Einmal buchten sie Václav Havel ein, dann machen sie ihn zum Präsidenten. Einmal lassen sie sich brav germanisieren, dann müssen sie wieder störrisch ins Tschechische verfallen.

Sprache und Literatur

Das Tschechische klingt wie genuscheltes Polnisch. Deswegen malen sie auch lästige Hatscheks (tschechisch: Háček!) auf ihre Buchstaben. Kenner wissen dann: Diesen Buchstaben nuscheln! Das Genuschel erklärt sich draus, dass die Tschechen, ähnlich wie die meisten Slawen, ab und an dem Panslawismus frönen. Das soll niemand wissen und deshalb nuscheln sie einander zu.

Im Grunde ist das Tschechische ohnehin völlig unerheblich, denn beim Eishockey wird kaum geredet und in den Filmen, in denen Tschechinnen mitspielen, gar nicht.

Solange noch Deutsch gesprochen wurde, konnte man berechtigterweise in Prag literarisches Leben erwähnen: Stifter, Kafka, Werfel. Später verlegten sich die Tschechen darauf, »Dissidentenliteratur« zu verfassen, deren Hauptmerkmal ein quengelnder Unterton ist. Meist geht es darum, dass die Sowjets keine besonders aufrechten Demokraten sind, aber das wussten wir auch vorher schon.

Kunst

Die Tschechen hatten offenbar schon immer einen Sinn für plastische Chirurgie: Der älteste Kunstgegenstand der Tschechen ist die 25 000 Jahre alte Venus von Westonitz. Verglichen mit der ist Dolly Buster ein scheues, flachbrüstiges Mädchen.

Musik

Die Tschechen haben allen Grund, traurig und schwermütig zu sein, und sie tun das gerne mit musikalischer Untermalung. Friedrich Smetana zum Beispiel machte sich an das deprimierende Projekt, einen Fluss zu vertonen. Nachdem er die letzten Töne der »Moldau« geschrieben hatte, hüpfte er vermutlich in dieselbe. Der zweite berühmte Musiker ist ein gewisser Antonín Dvořák, der für die Musikgeschichte von so großer Bedeutung ist, dass man ihn meist mit einem österreichischen Fernsehwitzbold verwechselt. Der größte lebende tschechische Musiker heißt Karel Gott, ist für das Titellied in »Biene Maja« verantwortlich und was soll man da noch sagen.

Wirtschaft

Die tschechische Wirtschaft folgt dem Prinzip der Erpressung: Immer, wenn es knapp wird in der Staatskasse, bauen die Tschechen schnell ein Atomkraftwerk mit ein paar vorfabrizierten Lecks. Dann fordern sie von den umliegenden Staaten Subventionen, damit das Kraftwerk nie in Betrieb geht.
Um international beachtet zu werden, produzieren die Tschechen dank ihrer Schwerindustrie Mengen von Kohlenmonoxid, die für Dutzende von Weltklimakonferenzen ausreichen.
Ansonsten gibt es in Tschechien eine Autofirma. Der marketingmäßig katastrophale Name Skoda kommt von den Tschechen, das Auto dazu machen längst die Deutschen.

Küche

Die böhmische Küche schmeckt nur in Wien. In Tschechien holt man sich bei jeder Mahlzeit einen Magendurchbruch, denn tschechische Köche kochen ähnlich wie rumänische, nur fetter.

Bier

Die Tschechen glauben von sich, hervorragende Bierbrauer zu sein. Allerdings ist ihnen irgendwann die Kohlensäure ausgegangen und zurück blieb eine dunkelgelbe Brühe, von der einem schon schlecht wird, wenn man sie aus dem Mundgeruch eines Tschechen inhalieren muss.

Tourismus

In den vergangenen Jahren hat der tschechische Tourismus eine ungeahnte Aufwertung bekommen. Nach Tschechien reisen vor allem Amerikaner und Russen: Die Amerikaner kommen nach Prag, weil sie sich gerne Baustellen und heruntergekommene Häuser anschauen. Und die Russen reisen nach Karlsbad, weil sie dort ungestört ihre Schutzgelder waschen können. Ansonsten gibt es dort Sehenswürdigkeiten, die vielleicht 1912 noch nennenswert waren. In Brno zum Beispiel laut Fremdenführer ein »Theater mit elektrischer Bühnenbeleuchtung«. Alles, was man sonst in Tschechien zu sehen bekommt, kriegt man in jeder Videothek günstig, zeitlupenfähig und ohne Anreisestrapazen.

DIE TÜRKEN

Aussehen und Vorkommen

Türken sehen aus wie Griechen, die man auf die falsche Seite der Ägäis verbannt hat. Und dort, auf der falschen Seite der Ägäis, liegt ja doch wohl Asien, werden Sie einwenden, und wir geben Ihnen nur zu gern Recht. Aber wegen der paar Türken, die es auf die Westseite des Bosporus geschafft haben, verlangen alle 63 Millionen Türken, zu Europa gezählt zu werden. Andererseits leben ohnehin jetzt schon die meisten Türken als Gastarbeiter in Westeuropa. Der Begriff »Gastarbeiter« ist jedoch ein bisschen irreführend, es sei denn, man denkt bei »Gästen« an Leute, die um 5 Uhr früh immer noch nicht nach Hause gehen wollen, obwohl die Party längst zu Ende ist.
Immerhin sorgen die Türken in ihren Gastländern für wirtschaftlichen Aufschwung: Sie richten absurd aufwändige Hochzeiten aus, deren Pomp umgekehrt proportional zum Willen der jungen Braut steht, verheiratet zu werden. Sie statten ihre Autos mit Spoilern, Schleifchen und Aufklebern aus wie eine fahrende Sultan-Ahmet-Moschee. Sie erzeugen Süßwaren, die sämtliche Zähne für immer verkleben und die Geschmacksnerven so veröden, dass nur noch Döner-Kebabs mit einem halben Kilo Zwiebel nach irgendetwas schmecken. Beides, Süßwaren und Döner, verkaufen die Türken an jeder Ecke. Das Auto, die Spoiler und die Tochter kriegen Sie auf Anfrage.

Geografie

Die Türkei liegt an ihrem westlichsten Zipfel schon ziemlich arg am Rande des Erträglichen und grenzt unter anderem an Bulgarien. Aber verglichen mit dem Rest des Landes ist das noch quasi Mitteleuropa. Im Südosten haben sich die Türken eine gemeinsame Grenze mit den Syrern, den Irakern, den Iranern und noch ein paar anderen Leuten eingehandelt, mit denen man absolut nichts teilen sollte, schon gar keine Grenze, es sei denn, man legt Wert darauf, als Krisenherd in den Weltnachrichten vorzukommen.

Geologisch gesehen besteht ein Großteil der Türkei aus großen Hinweisschildern, dass man da nicht wohnen soll: aus Vulkanen. Die meisten türkischen Ortschaften sind aber zum Glück so gebaut, dass es architektonisch keinen großen Verlust bedeutet, wenn das Baumaterial alle paar Monate neu durchgemischt wird.

Früher einmal lebten in der Türkei noch viele Schildkröten, Geckos, Störche und ähnliche Spezien. Die sind längst nach Westeuropa ausgewandert und jobben als Gastarbeiter in Tiergärten und Naturparks. Ihre Familien haben sie nachkommen lassen. Nur noch Zugvögel kommen regelmäßig in die Türkei, zumeist deutsche Schwalben und andere Langeweiler, die sich in billigen Clubanlagen einnisten.

Geschichte

In der Türkei gab es bereits um 6000 vor Christus eine stadtartige Großsiedlung namens Catal Hüyük, eine Hochkultur für türkische Verhältnisse. Die Pferdewagen hatten bereits Heckspoiler.

Seitdem sie denken können, haben die Türken immer versucht, in Europa Fuß zu fassen, wirklich gut bekommen hat ihnen das aber nie. Zuerst haben angeblich die Trojaner, die Vorläufer der Türken, die angebliche Halbgöttin Helena angeblich entführt, um möglichst viele europäische Nachfahren in die Welt zu setzen. Bevor die aber auch nur einmal entbinden konnte, hatten die Griechen schon mit Hilfe eines Pferdes Troja niedergemacht.

Später stieg Konstantinopel zu einer Art drittklassigem Römischen Reich auf. Konstantinopel heißt übrigens manchmal auch Byzanz, dann wieder Istanbul – je nachdem, wer dort gerade den Verkehr zu regeln versucht. Es handelt sich aber immer um dasselbe Wirrwarr.

Mitte des 9. Jahrhunderts drangen Leute nach Byzanz vor, denen man mit gutem Grund die Existenz der Türkei anlasten kann. Sie nannten sich »Turkvölker« und benahmen sich auch dementsprechend. Sie trugen so sittenwidrige Spitznamen wie »Seldschuken« oder »Osmanen« und eroberten alles, was ein Osmane für lohnende Gegenden hält: Mazedonien, Serbien, Bulgarien … Als sie sich jedoch 1683 an Wien vergreifen wollten, schoben wir ihnen ihre Heckspoiler da rein, wo es wehtut, und schickten sie wieder heim.

Das war der Anfang des osmanischen Endes und schließlich konnten sogar die Griechen, die ansonsten in der Neuzeit nicht einmal einen

Durchfall erfolgreich bekämpfen konnten, ungestraft an der West-
küste der Türkei landen.

Kurden

Die Kurden wären lieber Kurden als Türken, obwohl das aus der
Distanz eher nach einem Detailproblem aussieht. Sie werden jedenfalls von den Türken dazu gezwungen, auch Türken zu sein. Worin
der Unterschied zwischen Türken und Kurden besteht, ist leicht
erklärt: Beide sprechen Sprachen, die keiner versteht, beide haben
eine Vorliebe für Schnauzbärte, beide hüten beruflich Schafe und
beide leben in Gegenden, in denen die Schafe mehr Spaß haben als
sie. Ach ja, der Unterschied: Der lässt sich dummerweise nur auf Kur-
disch erklären und auch das nur in kommunistischem Vokabular. Aber
ehe man uns eine PKK-Autobombe vor die Haustür stellt, sind wir
gern bereit, eine prokurdische Deklaration zu unterschreiben.
Das Gegenargument der Türken lässt sich wiederum nur im Zusam-
menspiel mit Folter wirklich nachvollziehen. Auch da geben wir jederzeit jede gewünschte Erklärung ab.

Wirtschaft

Die meisten Türken, die nach Europa auswandern, werden dort Bauarbeiter, aber was sie dazu befähigt, weiß kein Mensch. In ihrer Heimat jedenfalls gibt es zwar überall Baustellen, aber kein Haus wird in
der Türkei jemals fertig gestellt. Das ganze Land besteht aus Rohbauten, die aber so fragil sind, dass sie bei jedem Erdbeben der Richter-
stärke 0,001 zusammenbrechen. Ganz Europa spendet dann, damit
die Türken rasch neue Rohbauten hochziehen können, weil auch das
nächste Erdbeben nicht leer ausgehen soll. Das letzte Gebäude, das in
der Türkei fertig gestellt wurde und sogar eine Außenfassade bekam,
ist die Hagia Sophia in Istanbul. Das war um 532 und als Bauherr fun-
gierte nicht zufällig ein oströmischer Kaiser und kein Türke.

Sprache

Das Türkisch hat an Stelle einer Syntax eine Abschleppvorrichtung.
Alles, was an Worten des Weges kommt, wird mitgenommen. Das

Ergebnis liest sich wie eine Massenkarambolage. Ein Textbeispiel: »Afyonkarahisarlilastiramadiklarimizdanmisiniz?« Wir haben vergessen, was das genau heißt, aber übersetzt bedeutet es in etwa so viel wie: »Finger weg von dieser Sprache!«

Dabei erspart dieses Wort dem Leser noch die übliche »ü«-Schwemme, die einem Krämpfe in der Mundpartie einhandelt, wenn man ein bisschen Türkisch übt.

Türken, die perfekt schlechtes Deutsch können, kriegen in Deutschland aus Gründen der Credibility einen Plattenvertrag als unterprivilegierte Hip-Hop-Sänger.

Küche

Der Witz an der türkischen Küche ist, dass die Türken meist keine Küche haben. Sie kochen im Freien und erzeugen dabei so viel Radau und Qualm wie ein Formel-1-Auto beim Start. Bei intimen Abendessen ziehen sie sich mit zirka zwanzig Familienmitgliedern in einen Hinterhof zurück und grillen dort große Säugetiere, die man zuletzt im Naturhistorischen Museum gesehen hat.

Angeblich verdanken wir den Türken den Kaffee. Das gilt jedoch ausschließlich für die Zutat, nicht aber für das Rezept. Die Türken machen aus Kaffee ein paar Zentiliter schwarze Brühe, die ungefähr so flüssig ist wie der Verkehr in Istanbul. Eine Melange kennen sie hingegen nicht.

Türkische Nachspeisen bestehen aus einem Kilo Zucker, etwas Honig, einem Schuss Sirup und das Ganze wird auf Wunsch gesüßt.

Kultur

Weil der Islam den Türken die Darstellung von Wesen mit unsterblicher Seele – und damit so ziemlich alle relevanten Motive – verboten hat, sind türkische Museen voll gestopft mit öden Sammlungen von bunten Fliesen, bemalten Vasen und geschnitzten Türen. Die Türken sind auch keine großen Literaten vor Allah und das verdanken sie dem Osmanischen Reich. Dort mussten alle Schriftsteller am Hof verkehren, um besser kontrolliert zu werden. Diese Schule der türkischen Dichtung wird »Divan-Dichtung« genannt und die Werke dieser Schoßpoetchen sind ähnlich aufregend wie bunte Fliesen.

DIE UKRAINER

Aussehen und Vorkommen

Wie die Ukrainer aussehen, wissen meistens nicht einmal die Ukrainer, weil die wenigsten von ihnen wissen, dass sie Ukrainer sind. Das hat mit der Analphabetenrate zu tun, die in den vergangenen Jahren stetig zugenommen hat. Jene Ukrainer, die lesen können, halten sich außerdem meistens nicht für Ukrainer, sondern für etwas Besseres: Für Russen, Weißrussen, Polen, Rumänen, Moldauer, Tartaren oder andere Völker, zu denen man sich nicht unbedingt zählen möchte – es sei denn, man ist Ukrainer.

Gemeinsam ist ihnen, dass sie tief im Osten und im flächenmäßig größten Land Europas leben. Gleich hinter der Ukraine beginnt Asien. Daher haben sie auch ihren Namen: »Ukrainer« heißt auf Deutsch »Grenzländer«. Das ist eine nette, aber etwas irreführende Bezeichnung, denn gemeint ist damit: Leute, egal wo Asien beginnt, ihr seid bereits jenseits aller Grenzen.

Geografie

Die Ukraine sieht aus wie eine um 90 Grad gedrehte Bundesrepublik Deutschland. Geografisch wie wirtschaftlich steht die Ukraine sogar völlig am Kopf. Es gibt dort viel zu große Steppen, viel zu große Weidelandschaften, viel zu lange Flüsse – und viel zu niedrige Berge. Dass das für so viele Quadratkilometer eine beschämend geringe Ausbeute ist, wissen die Ukrainer selbst. Betreten haben sie sich eine Fahne gezeichnet, die aus zwei läppischen Streifen besteht, einer blau, einer gelb. Daraus schreit der Wunsch, übersehen zu werden.

Geschichte

Wie alle Länder hier in der Gegend war die Ukraine in den vergangenen 2000 Jahren weniger ein Staat als vielmehr eine riesige

Schlachtplatte. So ist das eben in flachen Landen, wo es nichts gibt außer Gegend. Hier metzelten erst die Wikinger, dann Dschingis Khan, später die Russen, Napoleon und schließlich die Deutschen. Das Einzige, was die Ukraine hier von Weißrussland unterscheidet, ist, dass sich im 1. Jahrhundert vor Christus ein paar desorientierte Griechen niedergelassen haben. Aber auch das änderte wenig am jammervollen Lauf der ukrainischen Geschichte: 100 Jahre vor Christi Geburt waren die Griechen auch schon Waschlappen, die am Gängelband der Römer hingen.

In weiterer Folge lebten in der Ukraine Leute, von denen wir die längste Zeit angenommen hatten, dass sie von drittklassigen Romanautoren erfunden worden waren: die mongolische Goldene Horde etwa oder die Kosaken. Letztere waren eine Mischung aus ukrainischen, russischen und tartarischen Anarchisten und aus völlig unerklärlichen Gründen durfte diese Meute eine Zeit lang einen autonomen Staat führen.

Eine derartige Geschichte kann nicht wieder aufgearbeitet werden. Die Ukrainer beschränken sich deshalb auch seit ihrer Unabhängigkeit darauf, schweigend Getreide zu produzieren.

Wirtschaft

Manchmal fällt der Getreidepreis, manchmal gibt es Missernten, manchmal vergessen die Ukrainer auf das Säen. Aber für die Produktivität des Landes macht das alles keinen Unterschied. Denn unter den Getreidesäcken, die die Ukraine in Richtung Russland und Weißrussland verlassen, schlummert der eigentliche Exportschlager: Zuckerrüben? Erbsen? Nein. Waffen! Bei der Bestellung von einer Tonne Weizen genügt ein flüchtiges Augenzwinkern und der ukrainische Händler weiß, dass der Kunde nachts etwas ruhiger schlafen möchte.
Eine alte ukrainische Bauernregel besagt: Wer Waffenhandel sät, wird auch bei Missernten ernten.

Religion

Die Religion in der Ukraine wird bestimmt von drei Gruppen namens UOK-MP, UOK-PK und UAOK. Namen, die verdächtig nach Guerillagruppen klingen, und ziemlich genau so verhalten sie sich auch. Bloß handelt es sich bei den dreien um Kirchen, so genannte ukrainisch-orthodoxe Kirchen. Sie glauben alle an den gleichen Gott, haben das gleiche Evangelium und die gleichen Bräuche. Deshalb hassen sie einander auch so. Wie soll man einen ordentlichen Religionskrieg anzetteln, wenn man Freund und Feind nicht unterscheiden kann, ohne den Taufschein hervorzukramen?

Sprache und Literatur

Ukrainisch ist ein fehlgeschlagener Feldversuch eines Teams sowjetischer Linguisten, die ausprobieren wollten, ob eine Sprache auch ohne Vokale auskommt. Die übrig geblieben Selbstlaute wollten die Sowjets gegen Devisen in den Westen exportieren. Der Handel kam nie zu Stande, zurück blieben die Ukrainer, die seither an ihren Konsonanten ersticken. Verzweifelt versuchen sie, den Vokalmangel durch eine absurde Anhäufung von »j« und »y« auszugleichen. So heißen Flüsse »Dnjepr« oder »Dnjestr«, ein Fußballklub »Shktor Dnetsk« und noch nicht einmal vor ihrer Hauptstadt Kiew hat diese Verknappungswirtschaft Halt gemacht. Kiew schreibt sich auf Ukrainisch: Kyyiv.
Angesichts dieser Sprache ist es verständlich, dass die ukrainischen Dichter immer noch am allerersten Liebesgedicht feilen. Es will und will nicht so recht gefühlsbetont klingen, die bislang letzte Version transportierte eher die Gefühle, die man hat, wenn einem der Mund zugenäht wird.

Kunst und Musik

Der bekannteste, weil einzige ukrainische Musiker ist der Komponist Nikolai Lyssenko. Laut ukrainischer Geschichtsschreibung begründete er die ukrainische Klassik. Da war er wohl ein bisschen spät dran, wenn man bedenkt, dass er erst 1842 geboren wurde. Aber die Stelle als ukrainischer Klassiker will ihm niemand streitig machen.
Das berühmteste Gemälde eines Ukrainers ist Kasimir Malewitschs »Schwarzes Quadrat auf weißem Grund«, eine Art bildnerische Umsetzung des Liebesgedichts ohne Selbstlaut.

Tschernobyl

Ein einziges Mal gelang es den Ukrainern, aus eigener Kraft in die Weltnachrichten zu kommen. 1986 ließen sie in dem Kaff Tschernobyl ein Atomkraftwerk hochgehen. Um die Subventionen der EU anzukurbeln, haben die Ukrainer das kaputte Kraftwerk später wieder ein bisschen in Betrieb genommen. Seitdem kassieren sie jährlich Stilllegungsprämien von allen, denen ihr Leben lieb ist.

Politik

Die Ukraine versucht seit zehn Jahren, eine gewachsene Demokratie zu simulieren. Erfolgreich, wie man immer wieder sieht: Im Obersten Rat der Ukraine sitzen gleich elf Parteien, die alle die gleiche Antwort auf das permanente Desaster geben, nämlich keine. Im Frühjahr 2000 spaltete sich das Parlament, weil die Rechten mit den Linken nicht mehr konnten und umgekehrt. Als die Parlamente wieder zusammengelegt wurden, kam es umgehend zu einer konstituierenden Massenschlägerei.

Krim

Die Krim wäre eigentlich eine völlig zu Recht unbekannte Halbinsel im Schwarzen Meer, wenn dort 1945 nicht die Konferenz von Jalta stattgefunden hätte. Dabei teilten sich Amerikaner, Russen, Franzosen und Engländer Europa auf. Das Ganze hätte wahrscheinlich besser funktioniert, wenn sie nicht zu sehr dem Krimsekt zugesprochen hätten. Denn am nächsten Tag konnten sich die Unterzeichner des Jalta-Abkommens an nichts mehr erinnern – und es kam zum Kalten Krieg, eine geopolitische Version des Katers.

DIE UNGARN

Aussehen und Vorkommen

Ungarn sind kleinwüchsig, haben schwarze Haare und einen Schnauzbart. Mit andren Worten: Sie sind so etwas wie Spanier ohne Mittelmeerzugang, eine miserable Kombination. Bis Anfang der 1990er-Jahre erkannte man die Ungarn daran, dass sie auf Pferden durch die Gegend ritten. Doch 1990 brach die Wirtschaftskrise herein und die Ungarn machten aus ihren stolzen Rappen stolze Gulaschportionen. Seitdem sind die Ungarn allesamt traurige Menschen, singen traurige Lieder und stolzieren mit O-Beinen durch die Gegend – als Erinnerung an ihre geliebten Rösser. Insgesamt soll es mehr als 10 Millionen Ungarn geben, von denen ein Fünftel in der Hauptstadt Budapest lebt. Der Rest lebt in Österreich, verstopft mit winzigen Autos die Straßen und beraubt das Deutsche seiner herrlich offenen Vokale.

Geografie

Ungarn besteht nur aus flachem Land. Es ist dort so flach, dass selbst die Donau kurz nach Budapest abdreht und Richtung Süden fließt, weil ihr auf dem Weg durch Ungarn sonst kreuzlangweilig würde. Nur ein einziger Berg ragt in Ungarn über 1000 Meter hinaus, das zweite mickrige Gebirgsmassiv Ungarns passt sich der Umgebung schon besser an – und wird deswegen Bükk-Gebirge genannt.

Geschichte

Die ungarische Geschichte dreht sich vorwiegend um Pferde. Im 3. Jahrhundert nach Christus erkannten die Gepiden, Hunnen und Awaren, dass sich das flache Ungarn hervorragend als Pferdekoppel eignet. Die Römer, denen es hier im Winter sowieso zu kalt war, gaben ihre Provinz Pannonien ohne viel Aufsehen gerne ab. Danach versuchten die Ungarn immer wieder, aus der Koppel einen selbstständigen Staat zu machen. Ein aussichtsloses Unterfangen, denn Ungarn eignete sich bestenfalls als Kopilot. Quasi als »-Ungarn«. Im Idealfall in Kombination mit Österreich.

Während des Doppelpacks Österreich-Ungarn wurden in Budapest die wichtigsten Bauten hochgezogen, die von den späteren neuen Freunden der Ungarn, den Russen, wieder niedergemäht wurden. Wir haben inzwischen die Lust verloren, Ungarn in unserem Staatsnamen mitzuschleppen.

Sisi und Franz

Allein schon wegen der eigentümlichen Sprache haben es die Ungarn in Europa nicht unbedingt leicht. Keiner versteht sie und deswegen mussten seit jeher andere für sie sprechen. Die beiden wohl besten Botschafter der ungarischen Seele waren erstens die Habsburger-Kaiserin Sisi und zweitens der Wiener Anthropologe Franz Antel. Beide haben Außergewöhnliches für das Image der Ungarn getan. Sisi kümmerte sich, weil ihr den ganzen Tag so langweilig war, um die rückständigste der österreichischen Provinzen: Ungarn. Das wiederum freute ihren Mann Franz Joseph, der dadurch mehr Zeit für die Jagd, Bad Ischl und Katharina Schratt hatte.

Das alles wissen wir dank Franz Antel, der sein Frühwerk detailreichen Schilderungen der einzigen filmreifen Periode ungarischer Geschichte widmete. Antel drapierte die Ungarn auf Rössern thronend rund um Sisi. Sprechrollen wurden ihnen nicht angeboten, da sich kein Text ohne Vokale fand.

Sprache

Ungarisch als moderne Sprache zu bezeichnen ist eine Beleidigung jeder anderen modernen Sprache – des Lateinischen zum Beispiel. Manche meinen, dass Ungarisch die späte Rache der Awaren an ihren Nachfolgern ist. Und an deren Zungen. Ungarisch ist nur mit einer westlichen Sprache verwandt – dem Finnischen. Als Konsequenz daraus haben die beiden Länder nicht nur die Sprache gemeinsam, sondern auch den Hang zum Alkoholismus. Und bei beiden ist die Wahrscheinlichkeit, dass sie jemals den Eurovisions-Songcontest gewinnen werden, ähnlich hoch wie die eines Finno-Ugrischen Weltreiches.

Wirtschaft

Die meisten Ungarn sind in der Landwirtschaft tätig, die jedoch ihrerseits ziemlich untätig ist. Mit anderen Worten: Die meisten Ungarn sind in der Landwirtschaft untätig.
Seit es in Ungarn dank eines Konjunkturaufschwunges wieder Pferde gibt, ist wenigstens die Salamiproduktion auf Touren gekommen. Die wenigen Aufgabengebiete für Ungarn beschränken sich auf linguistische Arbeiten: Vornehmlich auf die äußerst schwierige Übersetzung von Pornofilmen ins Ungarische, die ja so klingen soll, dass nicht gleich das halbe Kino lacht.

Tourismus

Ansonsten versuchen sich die Ungarn im Tourismus. Der ungarische Tourismusverband (kurz UTV) hat sich dabei auf eine Marktnische spezialisiert, die zwar nicht unbedingt Stammgäste anlockt, aber doch einiges abwirft. Die Rede ist von so genannten One-Way-Nachtwanderungen. Seitdem der Eiserne Vorhang zu Österreich ein bisschen gelüftet wurde, organisiert der UTV an der ungarischen Westgrenze diese geführten Touren durch Wald und Flur. Ende der 1980er-Jahre war das ein einträgliches Geschäft, weil vor allem Ex-DDR-Bürger gerne über Ungarn in Richtung BRD reisten. Seitdem sie diesen Umweg nicht mehr nehmen müssen, fahren die Ostdeutschen aber lieber nach Ibiza auf Urlaub und Ungarn schaut durch die Finger. Der UTV hat deswegen in einigen Staaten Südostasiens neue Außenstellen eröffnet, die Touristen heranschleppen sollen. Das funktioniert besser, vor allem weil der UTV eine Nebenabsprache mit dem Österreichischen Bundesheer getroffen hat. Nun empfängt das Heer die Nachtwanderer im Burgenland und schickt sie wieder nach Ungarn zurück. Schließlich brauchen die ja die Devisen der Asiaten.

Kultur

Ungarn hat noch keinen Literaturnobelpreis gewonnen und wir vermuten, dass das auch so bleiben wird, solange die Ungarn darauf
beharren, ausgerechnet Ungarisch zu schreiben. Ob es ungarische
Literatur gibt, wissen deswegen nur die Ungarn selbst. In der Musik
begannen die Ungarn relativ engagiert bei Franz Liszt (weil eigentlich ein Burgenländer), sackten ab bei Béla Bartók (weil ein Nagy-
szentmiklóser) und endeten schließlich bei Marika Rökk.

Sport

Die Ungarn sind ein sportliches Völkchen, das merkt man auch bei
jeder Sommer-Olympiade. Ungarn liegt da immer auf den vorderen
Plätzen der Medaillen-Bilanzen, allerdings ausnahmslos in Sportarten,
bei denen man aber nie und nimmer Geld verdienen kann. Schon mal
eine Profi-Kanutin getroffen? Eben. Im Fußball sind die Ungarn aber
schwach, die Eintrittspreise gleichzeitig hoch und deswegen heißt das
größte Budapester Stadion auch Nepp-Stadion.

DIE WEISSRUSSEN

Aussehen und Vorkommen

Weißrussen sehen aus wie russische Finsterlinge und versuchen das durch den harmlosen Namen Weißrussen hilflos zu kaschieren. Verglichen mit den Weißrussen sind gewöhnliche Russen so demokratisch und friedliebend wie Kofi Annan. Weißrussen haben einen desaströsen Hang zu Diktatur und Korruption, sie halten als Einzige in Europa die alte Tradition des autoritären Regimes hoch. Dabei tarnen sie sich mit lächerlichen Decknamen, zum Beispiel »Belarus« oder »Bjelorussen«. Das soll Verwirrung stiften, aber Einreisevisum kriegen sie deshalb trotzdem keines.

Geografie

Weißrussland ist eine einzige Tiefebene, die besser noch ein bisschen tiefer wäre und mit Wasser gefüllt, aber leider. Sie ist bloß flach. Dort, wo die zermürbend flache Gegend endlich ansteigt, ist die Staatsgrenze. Weißrussland hat einen Berg, der gerade einmal 300 Meter hat und deswegen zu unbedeutend für einen eigenen Namen ist. Gebe es in Weißrussland einen Baum, der höher ist als zwei Meter, müssten die kleinen Weißrussen im Geografie-Unterricht seinen Namen als zweithöchste Erhebung des Landes lernen. Gott sei Dank gibt es in Weißrussland keinen Baum, der höher ist als zwei Meter, weil ständig ein Wind durch die Steppe braust und alles niedermäht, was höher ist als eine gebückte Latsche. Und wenn dann doch einmal ein Baum wächst, fällen ihn die Weißrussen sofort und verheizen ihn, weil es in Weißrussland auch ständig kalt ist.

Geschichte

Weißrussland und Geschichte in einem Satz zu verwenden ist eigentlich ein Treppenwitz derselben – Weißrussland hat nämlich so gut wie

keine Geschichte. Entstanden ist es im 9. Jahrhundert nach Christus, als eine Gruppe seekranker Wikinger, die auf den Namen Waräger hörte, von Stockholm aus nach Kiew wanderten, um ein paar Ukrainer zu schlachten. Auf dieser Wanderung mussten sie durch Weißrussland, zeugten dort ein paar Bälger und marschierten weiter. Diese Nachfahren der Wikinger haben es bis weit ins 20. Jahrhundert hinein nie zu einem eigenen Staat gebracht, sondern nur zu einem besseren Kampfplatz. Weil ihr Land so abartig flach ist, fanden alle größeren Kämpfe Osteuropas prinzipiell auf weißrussischem Boden statt: Die Polen versohlten dort die Ukrainer, die Litauer droschen die Polen, irgendwann metzelten die Russen die Polen nieder. Napoleon kämpfte in Weißrussland und auch die Deutschen zogen in geordneter Kampfformation 1940 durch Weißrussland in Richtung Osten und drei Jahre später in Hasenfuß-Formation in Richtung Westen.
Den jeweiligen Schlachtsiegern gehörte Weißrussland inklusive dem Berg und den Weißrussen. Bis zum Jahr 1991 war Weißrussland exakt einmal unabhängig: vom Herbst 1918 bis zum Juni 1919.
Ihrer Armseligkeit und chronischen Bedeutungslosigkeit verdanken die Weißrussen übrigens auch ihren Namen. Als die Mongolen im 13. Jahrhundert die Ukraine, die damals Kiewer Rus hieß, eroberten, fiel ihnen auch die Gegend rund um Minsk in die Hände. Die Einwohner dort waren so bettelarm, dass sogar die finsteren Mongolen Mitleid hatten und von ihnen keine Steuern verlangten – die Gegend nannten sie »Weiße Rus«. Alternative Namensvorschläge waren: »Pleite Rus«, »Verdammte Rus« und: »Chef, warum schenken wir die blöde Rus nicht einfach der Sowjetunion?«

Politik

Weißrussische Politik gestaltet sich relativ überschaubar. Es gibt dort einen Präsidenten, der alle paar Jahre seinem Wahlvolk den lästigen Gang zur Wahlurne erspart und per Verfassungsänderung seine Amtszeit verlängert.

Wirtschaft

Als die Weißrussen 1991 endlich die ersehnte Unabhängigkeit erlangten, gönnten sie sich neben der selbst gemachten Diktatur auch eine hauseigene Misswirtschaft, denn die alte sowjetische Misswirtschaft war ihnen ein Dorn im Auge. Der alte, verhasste Rubel wurde ebenso ersetzt, und zwar durch den Belarus-Rubel, im Volksmund auch Rubel genannt.

Die Böden geben weiterhin nichts her, die Industrie liegt lahm, an Rohstoffen gibt es nur Torf und die einzigen Wirtschaftsbeziehungen bestehen im Import von radioaktiver Strahlung aus dem ukrainischen Tschernobyl und dem Absahnen von Finanzhilfe aus dem EU-Budget.

Sprache

Die Weißrussen behaupten, sie würden eine eigene Sprache sprechen, aber das stimmt nicht. In Wirklichkeit sprechen sie alle ausnahmslos Russisch. Weil sie aber alle kaputte Zähne haben, nuscheln sie dermaßen, dass selbst die Russen sie nicht verstehen und glauben, sie hörten eine andere Sprache.

Sprachkurse in Weißrussland sind deswegen eine sehr kurze Angelegenheit: Zu Beginn der Übungsstunde zertrümmert der Lehrer seinen Schülern das Kiefer. Dann drückt er ihnen ein Russisch-Wörterbuch in die Hand. Fertig.

Kultur

Das kulturelle Leben Weißrusslands ist in etwa so abwechslungsreich wie seine Landschaft. Schöne Bräuche, die die Weißrussen hochhalten, sind neben der erwähnten denkmalgeschützten Diktatur auch das Pilzesuchen, das Drucken von Bibeln und das Ausweisen von Diplomaten.

Der einzige Künstler, der je in Weißrussland geboren wurde, ist Marc Chagall. Der wollte von Anfang an hohe Berge malen, musste sich jedoch zunächst damit begnügen, Leute zu pinseln, die auf Dächern saßen oder über der Stadt schwebten. Dann wanderte er aus.

DIE ZYPRIOTEN

Aussehen und Vorkommen

Die Zyprioten sehen aus wie Griechen mit einer Psychose. Manche von ihnen halten sich für Türken und haben sich deshalb im Nordosten der Insel verschanzt. Obwohl es im Grunde völlig egal ist, ob man ein Inselgrieche ist oder ein Inseltürke – beides klingt wie eine im Aussterben begriffene Schafspezies –, tun die Zyprioten so, als würde der Unterschied einen dritten Weltkrieg rechtfertigen. Deshalb ist es für uns alle eine Erleichterung, dass die Zyprioten auf einer Insel leben, die weit genug von anderen Ländern entfernt ist, sodass sich der zypriotische Irrsinn nicht ausbreiten kann.

Insgesamt leben auf der Insel eine dreiviertel Million Leute. Wenn die Demarkationslinie nicht wäre, würde sich die Zahl binnen Stunden beträchtlich reduzieren. Das wäre eigentlich gar keine schlechte Idee, denn dann könnten wir uns günstig eine Villa im Mittelmeer kaufen.

Geografie

Zypern liegt günstigerweise in einer ziemlich abgelegenen Gegend im östlichen Mittelmeer. Sollten also die Zyprioten einmal wirklich außer Kontrolle geraten, könnte das Problem mit einem begrenzten Atomschlag oder einer zielgenauen H-Bombe aus der Welt geschafft werden, ohne große Kolateral-Schäden anzurichten; abgesehen vielleicht von der Türkei, die ein bisschen nahe dran liegt, aber das würden wir in Kauf nehmen.

Der höchste Berg Zyperns ist der Olympus, eine mickrige Kopie des Olymp, der ja auch schon nicht besonders hoch ist. Zypern liegt außerdem auf einer der drei Zugvogel-Hauptstrecken, was die Insel zu einem Zentrum für Ornithologen und Vogelkacke macht.

Geschichte

Zypern dient seit etwa 1400 vor Christus als Jausenstation für Eroberer. Niemand macht sich die Mühe, wegen der Insel einen Feldzug zu starten, aber wenn man schon mal in der Gegend ist, setzt man dort eben eine Fahne in den Sand und schafft sich eine kleine Kolonie. Anfangs dürften auf Zypern ganz nette Leute gewohnt haben, die ihre Zeit damit verbrachten, Grabbeigaben zu basteln und Mosaikfliesen zu verlegen. Alle möglichen Eroberer wechselten einander ab, bauten Tempel oder Kirchen oder widmeten einfach die Tempel und Kirchen ihrer Vorgänger um, wenn sie zu faul waren, selbst welche zu bauen. So richtig trostlos wurde die zypriotische Geschichte erst, als die Insel 1959 unabhängig wurde. Keiner hatte geahnt, welche Wirrköpfe diese Zyprioten sind, und dass sie mit Sonnenschirmständern aufeinander losgehen, sobald man sie allein lässt, anstatt auf Luftmatratzen im Meer zu treiben, was so ziemlich das Einzige ist, das man auf Zypern machen kann. Wie der Krieg ausgegangen ist, interessiert eigentlich kaum jemanden, solange wir auf Zypern in Ruhe baden können.

Sprache

Griechische Zyprioten fluchen entlang der Demarkationslinie auf Griechisch in Richtung Norden. Türkische Zyprioten fluchen auf Türkisch von der anderen Seite zurück. Alle paar Jahre treffen einander die beiden Präsidenten unter Aufsicht der UNO zu Friedensverhandlungen und testen dabei, ob die Übersetzer das enorme Vokabular an Flüchen beherrschen.

Tourismus

Jeder hat manchmal das Bedürfnis, sich so richtig danebenzubenehmen, man will das aus Gründen des Anstands aber nicht zuhause tun. Also fährt man nach Zypern. Dort hat sich ein Völker verbindendes Mekka des schlechten Geschmacks herausgebildet. In Tourismusorten wie Agia Napa dröhnt die schlechteste Musik, in den Bars werden die schlechtesten Cocktails gemixt und die schlechtest angezogenen Menschen benehmen sich dort so schlecht, wie sie können. Frühmorgens kann man durch den Ort schlendern und die herumliegenden Leute vom Vorabend bestaunen wie neolithische Grabbeigaben.

Theoretisch könnte man als Tourist auch die Hauptstadt Nikosia besichtigen, aber die ist geteilt, und zwar mitten in der Altstadt. Man müsste also einmal die türkische Seite besichtigen und das nächste Mal in den griechischen Teil reisen. Wer seinen Gästen derartigen Stress zumutet, hat Touristen nicht verdient.

Küche

Morgens isst man auf Zypern als Andenken an die britischen Besatzer englisches Frühstück, abends kotzt man irgendwann die zypriotische Spezialität, deren Namen man längst vergessen hat, auf die Tanzfläche.

Prominente

Der heilige Paulus kam offiziell zum Missionieren nach Zypern, wahrscheinlich aber wollte er sich nur eine Zeit lang schlecht benehmen. Was der schwule Richard Löwenherz hier getrieben hat, wollen wir nicht wissen. Angeblich soll Aphrodite, die Göttin der Schönheit, auf Zypern geboren worden ein, aber die muss inzwischen auch schon über 2500 Jahre alt sein.